ARTIFICIAL INTELLIGENCE
AI 应用进阶系列

图表说营销

张建南 ◎ 著

中国财经出版传媒集团
经济科学出版社
Economic Science Press
·北京·

图书在版编目（CIP）数据

AI 应用进阶系列：图表说营销 / 张建南著.
北京：经济科学出版社，2025. 5. -- ISBN 978 - 7 - 5218 - 6986 - 6

Ⅰ. F713. 56 - 39

中国国家版本馆 CIP 数据核字第 2025TL4767 号

责任编辑：王红英
责任校对：刘　娅
责任印制：邱　天

AI 应用进阶系列：图表说营销
张建南　著
经济科学出版社出版、发行　新华书店经销
社址：北京市海淀区阜成路甲 28 号　邮编：100142
总编部电话：010 - 88191217　发行部电话：010 - 88191522
网址：www. esp. com. cn
电子邮箱：esp@ esp. com. cn
天猫网店：经济科学出版社旗舰店
网址：http://jjkxcbs. tmall. com
固安华明印业有限公司印装
710×1000　16 开　20. 5 印张　260000 字
2025 年 5 月第 1 版　2025 年 5 月第 1 次印刷
ISBN 978 - 7 - 5218 - 6986 - 6　定价：89. 00 元
(图书出现印装问题，本社负责调换。电话：010 - 88191545)
(版权所有　侵权必究　打击盗版　举报热线：010 - 88191661
QQ：2242791300　营销中心电话：010 - 88191537
电子邮箱：dbts@ esp. com. cn)

目 录

导言　AI 营销：数据驱动的爆发式增长　　　　　　　　001

AI 营销入门：
让你快速用起来的秘诀

  AI 营销速览：基本概念与应用场景　　　　　　　009

  核心功能详解：AI 营销的"三板斧"　　　　　　　015

  必备工具：AI 营销的"兵器谱"　　　　　　　　　021

  数据准备：AI 营销的"粮草库"　　　　　　　　　027

AI 洞察：
用数据看透目标客户

  数据化客户画像：精准绘制你的"用户地图"　　　035

  竞争对手全面分析：AI 赋能，知己知彼，百战不殆　040

  行业趋势预测：AI 的"水晶球"，预见未来，把握先机　045

  潜在市场机遇：AI 的"寻宝罗盘"，发掘新兴市场和潜在用户　051

AI 内容工厂：
高效产出爆款内容

  AI 文案生成：妙笔生花，AI 让你的文案"自带流量"　057

  图片视频一键生成：AI 的"视觉魔法"，让你的内容"吸睛"无限　061

创意灵感激发：AI 的"灵感引擎"，让你的创意"天马行空"　　066

文案风格个性化定制：AI 的"风格魔术师"，让你的品牌"与众不同"　　071

AI 智能传播：
让信息高效触达

精准广告投放：AI 的"精准狙击"，让你的广告费物超所值　　079

社交媒体高效运营：AI 赋能，让你的品牌在社交媒体"C 位出道"　　086

个性化内容推送：AI 的"私人定制"，让你的内容不再被"忽略"　　093

爆款活动策划：AI 的"点金圣手"，让你的活动"一炮而红"　　101

AI 销售力：
让客户主动买单

AI 销售线索挖掘：掘金大数据，让潜在客户主动上门　　113

销售过程智能管理：AI 如何成为你的"超级销售助理"　　123

销售技巧升级：AI 如何助你成为销售高手　　130

客户关系维护：AI 守护，让客户"主动回购"　　138

AI 用户体验优化：
提升客户满意度

用户行为分析：AI 的"透视眼"，找出你的"用户痛点"　　149

个性化推荐系统：AI 的"贴心管家"，让用户"一见倾心"　　154

用户反馈收集与分析：AI 的"用户心声解码器"，让改进"落地有声"　　160

用户旅程优化：AI 的"智慧向导"，助你实现转化与满意度的双重飞跃　　166

目 录

AI 品牌重塑：
打造独特品牌竞争力

  品牌定位策略：AI 的"定位指南针"，让你找到品牌的"专属赛道"   177

  品牌故事挖掘与重塑：AI 的"编剧"，讲述打动人心的品牌故事   185

  品牌视觉升级：AI 助力，提升品牌吸引力   192

  打造品牌文化：AI 的"文化塑造师"，让你的品牌"深入人心"   200

AI 助推流程再造：
让企业高效运转

  AI 产品优化：AI 的"用户需求捕手"，让产品"更懂用户的心"   209

  AI 供应链管理：让你的货如闪电般到达   215

  AI 智能决策：AI 的"智慧大脑"，辅助决策的准确性与效率   220

AI 营销团队：
人才转型，迎接挑战

  AI 时代人才需求：重塑营销大脑，迎接智能未来   229

  打造 AI 营销团队：高效协同，成就卓越   236

  持续学习、保持竞争力：AI 时代，你的成长永无止境   242

  打造学习型企业：AI 赋能，让企业在 AI 时代持续成长   249

AI 营销未来：
机遇与挑战并存

  AI 营销趋势展望：未来已来，你准备好了吗   257

  商业模式创新：AI 驱动，构建全新营销与商业模式   263

风险与挑战应对：AI营销的"红线"与"安全带"   268

迎接AI营销的未来：乘风破浪，无限可能   274

附录

案例一：某新锐国货美妆品牌用户画像速成   281

案例二：传统餐饮品牌AI文案重塑   287

案例三：AI精准广告投放，效果最大化   292

案例四：AI销售线索挖掘：掘金大数据，让潜在客户主动找上门   297

案例五：AI用户画像，个性化客户关系管理：AI的"贴心管家"，让用户"一见倾心"   302

案例六：品牌故事情感共鸣，深入人心：AI的"编剧"，讲述打动人心的品牌故事   307

案例七：品牌视觉焕新，独领风骚：AI的"视觉魔法"，让你的内容"吸睛"无限   312

案例八：AI预测未来市场，助力营销决策——让营销决策有"数"可依   317

参考文献   321

导言　AI营销：数据驱动的爆发式增长

你是否也曾感受到传统营销的"增长瓶颈"？市场洞察滞后、内容创意枯竭、传播触达受限、销售转化乏力……这些痛点，是否让你在营销之路上举步维艰？别灰心！AI营销正在以数据为引擎，以智能为驱动力，为营销注入全新动能，引爆增长奇点。

让我们从一家行业领先企业的故事开始。这家企业面临激烈的市场竞争，渴望找到新的增长点。作为一名AI营销顾问，我受邀为他们进行了一场AI营销演示，目的很简单——经济用数据说话。

为了这场演示，我精心总结了这家企业近一年来的公众号文章，内容涵盖公司新闻、产品介绍、市场活动等。这些内容将成为AI的燃料。

演示现场，我用AI工具一键生成1500字的公司介绍，

本书除特别注明，图表均为笔者所作。

耗时仅 1 分钟！而如果人工完成则通常需要花费数天（见表 0 - 1、图 0 - 1）。

表 0 - 1　　　　　　　　　　内容简介

方面	内容摘要
公司概况	SL集团成立年份、领域、业务。突出行业地位、发展历程，辅以年份、业务数据，增强说服力
产品优势	产品的核心卖点、技术优势、用户口碑。结合市场分析，突出竞争优势
市场定位	目标市场、用户群体、竞争策略。分析市场定位的精准性、有效性，以及未来发展方向
企业文化	企业文化、价值观、使命。通过案例或故事阐释员工敬业度、社会责任感等
发展愿景	长期发展目标、战略规划。分析AI技术将如何助力实现愿景

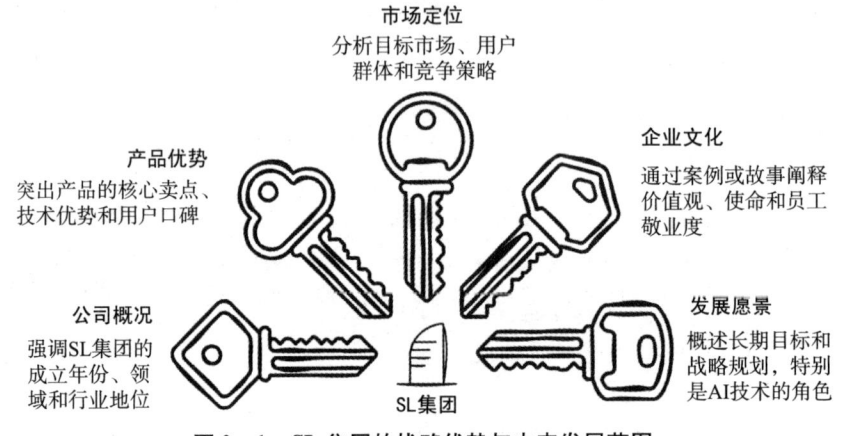

图 0 - 1　SL 集团的战略优势与未来发展蓝图

使用 AI 工具分析公司战略，同样仅耗时 1 分钟，即可将战略布局、优势、劣势、机遇、挑战清晰呈现（表 0 - 2）。

最后，使用 AI 工具制定了三年人工智能化战略规划。AI 在数分钟内，完成包含战略目标、关键步骤、资源需求、风险评估与应对的完整规划,并以甘特图清晰展现项目进度(表0-3、图0-2)。

表0-2　　　　　　　　　　　SWOT分析

分析维度	内容摘要
市场策略	市场细分策略、目标市场选择策略、市场渗透策略。结合市场数据评估策略有效性
产品策略	产品组合策略、产品定价策略、产品生命周期管理策略。结合用户反馈、市场发展趋势提出优化建议
竞争策略	竞争对手分析、竞争优势构建、应对竞争策略。结合案例分析竞争策略的有效性
SWOT分析	优势、劣势、机遇、挑战。提出相应策略建议

表0-3　　　　　　　　　　　战略规划

阶段	时间	战略目标	关键步骤	资源需求	风险评估与应对
第一阶段	第一年	办公自动化,提升内部效率	引入AI办公自动化工具(写作助手、翻译工具、数据分析工具等),培训员工	AI工具采购费用、员工培训费用、IT基础设施升级费用	技术风险、数据安全风险、员工适应性风险。选择成熟工具,加强数据安全培训,逐步推广AI工具
第二阶段	第二年	AI赋能核心业务,提升销售和营销效率	搭建AI营销平台,整合营销数据,利用AI进行用户画像分析、个性化推荐、智能广告投放	AI营销平台搭建费用、数据采集和分析费用、营销活动预算	数据质量风险、算法偏见风险、竞争对手模仿风险。建立数据质量管理体系,定期评估算法公平性,持续创新
第三阶段	第三年	全面智能化升级,驱动业务增长	建立智能决策系统,利用AI进行数据驱动决策,优化供应链、客户关系管理等流程	智能决策系统研发费用、数据平台升级费用、人才引进费用	数据安全风险、伦理道德风险、技术依赖风险。加强数据安全管理,制定AI伦理规范,避免过度依赖AI,培养员工创新思维

第一阶段　　　　第二阶段　　　　第三阶段
使用AI办公自动化　使用AI平台增强销　建立智能决策系统以
工具以提高效率　　售和营销　　　　推动增长

图 0-2　AI 驱动的业务转型阶段

演示结束后，这家企业管理层赞叹不已，他们意识到，AI 不仅是工具，更是能够改变营销游戏规则的神器。

传统的营销方式，如马车般步履维艰。AI，则如高铁般疾速奔腾，能够将品牌和产品迅速推送目标用户。

信息不对称？过去，企业如雾里看花，难以精准判断。AI，则如强大雷达，能够快速分析海量数据，让企业洞若观火，对市场和用户了如指掌。

决策效率低下？过去，营销决策如盲人摸象，缺乏数据支撑。AI，则如智慧大脑，提供数据分析和预测，辅助企业科学决策，让每一次决策都有理有据。

执行力不足？过去，营销方案常因纸上谈兵而难以落地。AI，则如智能助手，自动化执行营销任务，大大提升执行效率，让营销策略落地生根。

营销成本高昂？过去，营销投入如石沉大海，效果难保证。AI，则如精明管家，优化资源配置，降低营销成本，让每一分钱都花在刀刃上。

《AI 应用进阶系列：图表说营销》如 AI 营销教练，带你从营销小白成长为数据高手。本书将助你：

• 系统掌握 AI 营销知识：从基本概念到高级应用，构建完整的知识体系，全面理解 AI 营销。

• 熟练运用 AI 营销工具：介绍实用工具，通过案例演示，快速上手，灵活应用于实际工作。

- 提升实战能力：通过案例分析和实战演练，提升实战能力，独立完成 AI 营销项目。
- 洞察未来趋势：分析 AI 营销未来发展趋势，把握市场先机，提前布局，立于不败之地。
- 打造 AI 营销团队：指导组建和管理 AI 营销团队，进行人才招聘和培养，为企业发展提供人才保障。
- 持续学习和迭代：强调持续学习的重要性，提供学习资源和方法，保持竞争力，不断提升自身能力（图 0-3）。

```
06  持续学习
05  团队建设
04  趋势洞察
03  实战能力
02  工具熟练度
01  AI营销知识
```

图 0-3 AI 营销专业知识之旅

AI 营销不是未来，而是现在！拥抱 AI，让 AI 成为营销的强大引擎，推动品牌和销量扶摇直上！开启你的数据驱动增长之旅吧！

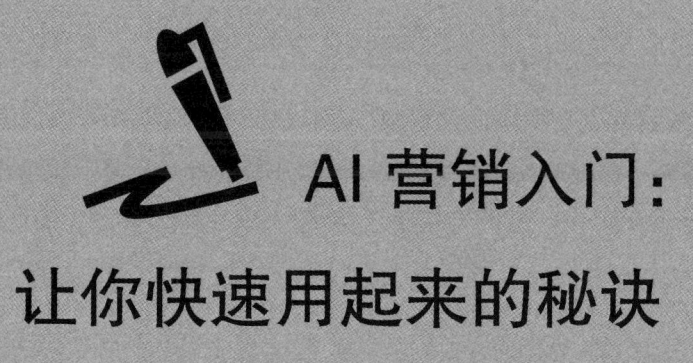

AI 营销入门：
让你快速用起来的秘诀

AI营销速览：基本概念与应用场景

欢迎来到 AI 营销的奇妙世界！在这个信息爆炸的时代，营销如同航行于波涛汹涌的大海，而 AI 正是你的指南针和推进器，它将引领你穿越迷雾，直达成功的彼岸。本节我们将深入浅出地探讨 AI 营销的核心概念，并通过丰富的案例和详细的解释，带你快速了解 AI 营销的应用场景，为你开启 AI 营销的快速通道，让你轻松驾驭这艘"AI 战舰"，在营销的海洋中乘风破浪！

追本溯源：经典营销理论速览

想要在 AI 营销的战场上纵横驰骋，经典营销理论是你的"内功心法"。AI 不是要颠覆这些理论，而是要让它们更加强大、精准、高效。

4P 理论（营销组合）：经典营销的"四象八卦阵"

产品（product）、价格（price）、渠道（place）和促销（promotion）四个关键要素，构建了完整的营销策略体系。AI 则为每个要素注入了新的活力。

（1）产品（product）：使用AI分析消费者数据、市场趋势、竞品信息，辅助产品创新和优化。例如，通过分析用户反馈找出需要改进之处；分析市场趋势预测未来流行产品。

（2）价格（price）：使用AI进行动态定价、个性化定价，平衡企业盈利能力和消费者接受程度。

（3）渠道（place）：使用AI优化供应链管理、提升物流效率，预测需求，从而更高效地管理渠道。

（4）促销（promotion）：使用AI实现更精准的广告投放、个性化的内容推荐和自动化营销活动，提高品牌知名度、美誉度和销量（表1-1）。

表1-1　　　　　　　　4P理论四大关键要素

要素	核心内容	AI应用	举例
产品	产品的功能、特点、价值、用户体验；好的产品要精准满足目标消费者需求，并提供独特的价值	用户数据分析、产品优化和创新、个性化定制、用户体验设计	AI可以分析用户反馈，找出产品需要改进的地方；也可以分析市场趋势，预测未来的流行产品
价格	定价策略需要综合考虑成本、竞争状况、市场需求、品牌定位以及消费者的支付意愿等多种因素；合理的定价能够平衡企业的盈利能力和消费者的接受程度	动态定价、价格歧视、个性化定价、价值感知分析	在电商平台上，AI可以根据商品的实时销量和库存情况，自动调整价格；也可以根据用户的购买历史和偏好，进行个性化定价
渠道	渠道是指产品从生产者流向消费者的流通路径，包括线上和线下的各种销售渠道、物流、仓储、配送等环节；有效的渠道管理能够确保产品及时、便捷地到达目标消费者手中，并提供良好的购买体验	渠道优化、智能推荐、精准投放、供应链管理、物流优化	AI可以优化仓库的布局和货物的摆放，提高拣货效率；也可以预测用户的收货地址，优化配送路线，降低物流成本

续表

要素	核心内容	AI应用	举例
促销	如何与目标消费者沟通,传递产品或服务的价值,并影响其购买决策的各种活动;其包括广告、公共关系、销售促进、内容营销、社交媒体营销、人员推销等	精准广告投放、个性化内容推荐、自动化营销活动、社交媒体运营自动化、销售预测和推荐、客户关系管理	AI可以根据用户的兴趣爱好和行为习惯,推送个性化的广告;也可以根据用户的反馈,自动调整广告文案和创意

4C理论

4C理论强调以客户为中心,从用户的角度思考问题,并为用户创造价值。该理论从顾客(customer)、成本(cost)、便利(convenience)和沟通(communication)四个方面,提醒营销人员将焦点从产品转移到客户身上,更好地满足客户的需求和期望。AI能让4C理论的落地更加精准、高效。

- 顾客(customer):通过AI构建更精准的用户画像,从而更深入地了解客户。

- 成本(cost):通过AI优化购买流程,提供更便捷的服务,降低顾客的时间和精力成本。

- 便利(convenience):通过AI实现智能客服,提供全天候服务,并优化消费者线上购物体验。

- 沟通(communication):通过AI分析客户情绪和反馈,进行更个性化和人性化的沟通(表1-2)。

表 1-2　　　　　　　　　　4C 理论的 AI 应用

要素	核心内容	AI 应用	举例
顾客	用户需求、偏好、价值观、购买行为、客户体验、生命周期，企业营销活动的中心是顾客	用户画像分析、个性化推荐、精准营销、客户生命周期管理、客户流失预测	AI 可以分析用户的浏览历史、购买记录、社交媒体互动等数据，从而了解用户的兴趣爱好、消费习惯、价值观等
成本	价格、时间成本、精力成本、搜索成本、风险成本、机会成本；努力降低顾客的总成本	优化购买流程、降低运营成本、提供更具性价比的产品和服务、降低客户的搜索和决策成本、风险评估和管理	AI 可以简化购物流程，让用户更快速地完成购买
便利	购买渠道的便捷性、支付方式的便利性、售后服务的便捷性等；让顾客能够随时随地轻松购买到所需的产品或服务	智能客服、全渠道整合、优化线上购物体验、便捷的支付和物流、产品和服务使用便捷性分析	AI 可以为用户提供 24 小时在线的智能客服
沟通	企业与顾客之间是双向交流，而不是单向的信息传递；倾听顾客的声音，了解顾客的反馈，与顾客建立信任和情感连接，共同创造价值	情感分析、个性化沟通、智能化的客户沟通平台、客户关系管理、社群运营自动化	AI 可以分析用户的评论和反馈，了解用户的情绪和态度，并根据用户的情绪，进行个性化的回复

4R 理论

4R 理论以关系为纽带，强调企业与顾客之间的互动和长期关系。即将客户视为企业的宝贵资产，通过个性化服务、持续互动和会员制度等方式提高客户忠诚度，并将其转化为长期的合作关系。AI 的出现，让 4R 理论的落地更加精准、高效，也更加个性化。

- 关联（relevance）：通过 AI 识别消费者需求，提供个性化的产品和服务推荐。
- 反应（reaction）：通过 AI 实时监测市场动态和消费者反馈，快速调整营销策略和产品服务。
- 关系（relationship）：通过 AI 管理客户关系，提供个性化的关怀和服务，增强客户黏性。
- 回报（returns）：通过 AI 分析营销活动效果，评估 ROI，预测未来收益，优化营销投入（表 1-3）。

表 1-3　　　　　　　　　4R 理论的 AI 应用

要素	核心内容	AI 应用	举例
关联	产品或服务与消费者需求的匹配程度；精准的市场细分和用户画像；个性化推荐	分析消费者数据，精准识别消费者需求；提供个性化的产品和服务推荐；内容和服务相关性分析	AI 可以分析用户的浏览历史、购买记录、搜索关键词等数据，了解用户的兴趣爱好和需求，并推荐相关的产品或服务
反应	对市场变化和消费者反馈的响应速度和效率；建立灵敏的反馈机制；实时监控；快速响应	实时监测市场动态和消费者反馈；快速调整营销策略和产品服务；自动化处理客户咨询和投诉；舆情监测和分析	AI 可以实时监控社交媒体上的用户评论和反馈，及时发现用户的问题和需求，并及时进行回复和处理
关系	与消费者之间建立长期、稳定的关系；客户忠诚度、会员制度、个性化服务；用户生命周期管理；社群运营	客户关系管理（CRM）；提供个性化的客户关怀和服务；预测客户流失风险，采取挽回措施；用户生命周期分析；社群运营自动化	AI 可以根据用户的购买历史和偏好，为用户推荐他们可能感兴趣的产品或服务，并提供个性化的优惠和折扣

续表

要素	核心内容	AI 应用	举例
回报	营销活动带来的收益。销售收入、品牌价值、客户忠诚度、口碑传播等；营销效果评估和 ROI 分析；长期价值预测；品牌资产管理	分析营销活动效果，评估 ROI；预测未来收益；优化营销投入；识别高价值客户，优化资源分配；品牌价值评估和管理；口碑监测和分析	分析不同营销渠道的转化率和 ROI，从而帮助企业优化营销预算分配

1. AI 营销：社交媒体的"流量密码"

在 AI 时代，社交媒体如同营销的放大镜，品牌可以借助其力量，快速聚集用户，并转化为实际的销售额。社交媒体营销的核心在于流量、用户、运营，这三大要素相辅相成、缺一不可。而 AI 的出现，正在为这个生态系统注入新的活力，让"吸星大法"的威力更加强大。

2. AI 如何助你实现流量井喷

内容营销是王道，AI 加上优质内容等于流量磁铁！AI 还可以助力广告投放，实现精准触达，让广告费物超所值，不再打水漂。

3. AI 如何助你读懂用户心

只有了解用户，才能赢得用户。AI 像一位用户心理学家，能够分析用户画像、行为轨迹、情感反馈，让你比用户更了解自己！

4. AI 如何让社交媒体运营事半功倍

传统运营效率太低？AI 助力运营，将琐碎工作自动化！通过数据分析、策略优化、效果评估等，帮你运筹帷幄，决胜千里。

核心功能详解：AI 营销的"三板斧"

AI 营销入门之后，如何精通？掌握核心功能是关键！本节将为你详解 AI 营销的"三板斧"——内容生成、数据分析和用户画像，助你打通经脉，融会贯通，在 AI 营销的世界里如鱼得水。

在 AI 营销的武器库中，只有获得称手的"兵器"，才能披荆斩棘、所向披靡。接下来，就让我们来依次认识 AI 营销的三大核心功能。

AI 内容生成：告别灵感瓶颈，释放创作力

内容，永远是营销的核心资产。在信息爆炸的时代，高效产出高质量内容，是赢得用户关注的关键。AI 内容生成如神笔马良，能够化解内容创作难题，让你告别"才思枯竭"，实现产量与质量的双重提升（表 1-4）。

AI 能生成哪些类型的营销内容呢？

- AI 文案生成：快速生成广告语、产品描述、社交媒体帖文、邮件营销内容等。告别"绞尽脑汁"，让 AI 为你"妙笔生花"。

表1-4　　　　　　　　　　AI内容生成的优势

优势	描述
降本增效	AI可以在短时间内生成大量文案、图片和视频素材，大大节省时间和成本
个性化定制	AI可以根据不同的用户画像，生成个性化的内容，从而更好地吸引用户的注意力
风格多样化	AI可以模仿不同的写作风格，适应不同的品牌调性和营销场景，让内容更具表现力
创意灵感激发	AI可以通过分析海量数据，挖掘潜在的创意点，帮助营销人员打破思维定式，产出更具创新性的内容

● AI图片生成：绘制视觉盛宴，快速生成产品宣传图、电商主图、社交媒体配图、广告Banner等。用AI绘制"吸睛"的视觉盛宴。

● AI视频生成：品牌"动"起来，利用AI将文字脚本、图片素材转化为产品宣传片、品牌故事短片、活动回顾视频等（表1-5）。AI让你的品牌"动"起来。

表1-5　　　　　　　　　AI营销内容生成应用场景

场景	AI生成内容类型	预期效果	举例
电商平台	商品描述、促销文案、商品主图、商品详情页、短视频广告、直播脚本	提升商品转化率，降低人工成本，提高运营效率	AI根据商品特性，生成不同角度、不同场景的产品图片，从而更好地展示产品
社交媒体	帖子文案、创意短视频、话题互动、评论回复	提升用户互动和参与度，增强品牌曝光和影响力	AI根据热点话题，生成有趣的段子或故事，从而吸引用户的关注

续表

场景	AI 生成内容类型	预期效果	举例
品牌推广	品牌故事短片、产品宣传片、广告视频、虚拟代言人	提升品牌形象，树立品牌知名度和美誉度，提高用户信任度	AI 根据品牌的历史和文化，生成一个感人至深的品牌故事短片
内容营销	文章、博客、SEO 文章、行业报告、白皮书、电子书	吸引潜在客户，提升品牌专业度和权威性，占据行业领导地位	AI 根据关键词和主题，生成高质量的文章，从而提高网站的流量和排名
客户服务	自动回复、智能问答、个性化邮件、售后服务指南	提升客户满意度，降低人工客服成本，提高服务效率	AI 为用户提供 24 小时在线的智能客服，随时解答用户疑问

AI 数据分析：解锁数据密码，洞悉用户心理

数据，是 AI 时代的核心燃料。AI 数据分析则如营销望远镜，帮助你从海量数据中挖掘价值信息，洞察用户行为，预测市场趋势，让营销决策精准有效。

没有数据，AI 就如同没有弹药的士兵，难以在营销战场上发挥作用。即使拥有数据，也需要对其进行深度的分析，以便发掘数据背后隐藏的信息和用户的真实想法。

- 数据收集与清洗：旨在让数据去伪存真，一览无遗。通过 AI 可从网站、App、社交媒体、CRM 系统、电商平台等渠道自动采集用户数据，并进行清洗、整合，确保数据的质量和准确性。
- 用户行为分析：旨在洞悉用户心理，通过 AI 可分析用户的点击、浏览、购买等行为数据，了解用户的兴趣、偏好和习惯。
- 市场趋势预测：旨在预见发展趋势，通过 AI 分析历史数据、

市场趋势、竞争格局，预测市场需求、行为和竞争，让你快人一步（表1-6）。

表1-6　　　　　　　　　　AI数据分析应用

应用场景	AI数据分析应用	预期效果	举例
用户画像构建	分析用户基本信息、行为数据、购买记录等，构建多维度用户画像（如年龄、性别、浏览时间、购买偏好等）	实现个性化营销，提升用户转化率和复购率	AI根据用户画像实现个性化定制，根据购物习惯进行关联推荐
产品优化	分析用户对产品的评价、反馈、使用行为等，识别产品优势和不足（如分析客户购买需求与客户的痛点）	改进产品功能，提升用户体验，增强产品竞争力	提高产品销量，增加用户数量
广告投放优化	分析用户行为数据、广告投放数据等，预测广告效果，优化投放策略（例如，调整关键词，实现有效广告曝光）	提高广告点击率和转化率，降低广告成本，提升广告ROI	提高了广告点击数，降低成本预算
营销活动优化	分析历史营销活动数据，预测活动效果，识别影响因素（如分析活动参与率与购买数据）	提高营销活动成功率，优化资源配置，提升活动ROI	根据用户习惯推荐相关活动
竞争情报分析	抓取和分析竞争对手的营销活动、产品信息、用户评价等（如用户评论、用户关注的产品）	了解竞争对手动态，制定更具竞争力的营销策略	了解竞争对手的活动细节，学习他人经验
客户关系管理	分析客户行为数据、沟通记录、反馈信息等，提升客户满意度和忠诚度（例如，通过分析客户的购买习惯，进行个性化的信息推送）	提供个性化服务，提高客户留存率	提供个性化的服务，及时解决问题
销售预测	分析历史销售数据、市场趋势等，预测未来销售额（例如，根据以往的购买数据，结合当下的热点进行有效预测）	优化库存管理，提高销售效率	进行合理备货，充分保障货源

AI 用户画像：打造你的"用户百科全书"

不仅要有数据，更要懂用户！AI 用户画像助你描绘立体用户，实现精准营销。

构建用户画像，如同为你的营销活动装上 GPS 导航系统，避免盲人摸象，实现有的放矢。

那么，AI 如何"绘制"用户画像呢？

（1）多维度数据整合：汇聚第一方、第二方、第三方数据，构建用户全息影像（表1-7）。

表1-7　　　　　　　　　　多维度数据整合

数据来源	描述	AI 应用
第一方数据	来自企业自身渠道的数据，如 CRM 系统、网站、App 等	分析客户购买记录，在平台上的浏览情况等
第二方数据	来自合作伙伴的数据，如合作方的用户行为数据	与平台数据进行结合，从而对品牌的用户有更清晰的了解
第三方数据	来自外部数据提供商的数据，如人口统计数据、兴趣标签数据等	对平台数据进行补充和加强，以便更好地描绘用户画像

（2）标签化用户特征：提炼基本属性、兴趣偏好、行为特征、消费能力等标签，精准画像。

（3）用户群体细分：利用聚类分析，将用户划分为不同兴趣社群、行为群体、价值阶层，精细化运营。

"AI 三板斧"：开启你的 AI 营销之旅

内容生成、数据分析、用户画像"AI 三板斧"构成了 AI 营销的基石。只有掌握它们，才能开启 AI 营销的无限可能。

AI 营销的学习是一个循序渐进、持续迭代的过程。从速览到精通，从理论到实践，唯有不断学习与探索，才能真正掌握 AI 营销的精髓！接下来，让我们一起精进武艺，深入探索 AI 营销的"招式与套路"！

必备工具：AI营销的"兵器谱"

工欲善其事，必先利其器。告别盲人摸象，让 AI 营销工具成为你的左膀右臂，助你在数据海洋中乘风破浪，所向披靡。

想要在 AI 营销的战场上战无不胜，需要先了解 AI 工具的十八般武艺。

AI 工具全景图：打造你的专属"武器库"

AI 工具种类繁多、功能强大，犹如琳琅满目的 AI 营销百宝箱。如何选择最称手的工具？让我们先一览 AI 营销工具全景，再"按需索骥"（表 1-8）。

表 1-8　　　　　　　　　　AI 营销工具全景

工具类型	核心功能	适用场景	典型工具
AI 问答	解答疑问，提供策略建议，激发创意灵感	市场调研、竞品分析、用户洞察、自动回复	ChatGPT、微软 Copilot、谷歌 Gemini、百度文心一言

续表

工具类型	核心功能	适用场景	典型工具
AI内容生成	快速生成文案、图片、视频等营销内容	电商平台商品描述、社交媒体帖子、品牌推广素材、客户服务自动回复	Copy.ai、Jasper.ai、Writesonic、Midjourney、StableDiffusion
AI数据分析	快速分析海量数据，挖掘数据价值，为营销决策提供支持	用户画像构建、产品优化、广告投放优化、营销活动优化、竞争情报分析	GoogleAnalytics、百度统计、GrowingIO、神策数据
AI用户画像	构建精准的用户画像。通过多方数据来源，了解用户的"全息影像"。可以更深入地了解用户的特征，从而制定更有针对性的营销策略	构建用户画像，从而实现个性化的营销与内容推荐	—

"百晓生"荐兵器：AI营销工具精选

选兵器，重在精，而非多。本节精选几款 AI 工具，逐一介绍其独门绝技，助你快速上手、灵活应用。

1. AI问答工具：你的"营销智囊"

AI 问答工具犹如锦囊妙计，能解答疑惑、碰撞灵感，是营销人员不可或缺的智囊（表1–9）。

表1–9　　　　　　　　AI问答工具

工具名称	主要功能	突出特点
ChatGPT	聊天机器人，回答问题、生成文本、翻译语言、编写创意内容	功能强大，使用便捷，支持多语言，应用场景广泛，能够进行多轮对话，可用于内容创作、市场调研等，大幅提升营销效率

续表

工具名称	主要功能	突出特点
Copilot	集成于 Office 等软件中的 AI 助手，辅助写作、生成 PPT、分析数据等	与办公软件深度集成，提高办公效率，可用于生成营销报告、演示文稿、数据分析等，节省时间，并提升内容质量
文心一言	中文 AI 助手，对话互动、文案创作、代码生成等	中文理解能力强，更符合中国用户习惯，可用于中文营销内容创作、用户互动、市场调研等，提升中文营销效果

2. AI 内容生成工具：打造你的"专属生产线"

AI 内容生成工具，如内容生产线，能够高效生成文案、图片、视频等，实现内容营销火力全开。

AI 内容生成工具（表 1-10）。

表 1-10　　　　　　　　　AI 内容生成工具

工具名称	主要功能	突出特点
Copy.ai	生成各类营销文案（如广告文案、产品描述、社交媒体文案等）	提供多种文案模板，支持多种语言，可以根据用户需求进行个性化定制，帮助营销人员快速生成高质量文案
Jasper.ai	生成各类文案（如博客文章、SEO 文章、小说、剧本等）	提供更丰富的写作功能，例如可以根据关键词和主题生成文章，根据故事梗概生成小说等，帮助营销人员进行内容创作
Midjourney	生成各种风格的图片（如艺术风格、写实风格、抽象风格等）	生成高质量的艺术风格图片，可以用于品牌宣传、产品推广、社交媒体营销等，提升视觉效果

AI 图片生成工具推荐（表 1-11）。

023

表1-11　　　　　　　　　　AI图片生成工具

工具名称	主要功能	特点
Stable Diffusion	生成各种风格的图片，并支持用户自定义模型	开源免费，功能强大，可定制性强，适合对图片生成有较高要求的用户
DALL-E3	生成各种风格的图片，并支持图片编辑和修改	功能全面，操作简单，适合各种类型的用户，可以快速生成高质量的图片，并进行编辑和修改

AI视频生成工具推荐（表1-12）。

表1-12　　　　　　　　　　AI视频生成工具

工具名称	主要功能	特点
Pictory.ai	将长视频转换为短视频，并自动添加字幕、音乐和特效	快速高效地将长视频转换为适合社交媒体传播的短视频，降低视频制作成本，提高视频制作效率
Synthesia	生成虚拟人物的解说视频	可以用于制作培训视频、产品演示视频等，降低视频制作成本，提升视频制作效率
剪映专业版	抖音旗下的视频剪辑工具，集成了AI功能，如文字转视频、智能字幕、智能配音等	功能全面，操作简单，适合短视频创作，可以快速生成高质量的短视频，并进行后期编辑和特效添加，从而满足不同程度的视频制作需求

3. AI数据分析工具：让数据"说话"

数据是AI时代的决策之眼。AI数据分析工具，能助你拨开迷雾、挖掘真相，以数据洞察驱动精准营销。

AI数据分析工具推荐（表1-13）。

表1-13　　　　　　　　AI数据分析工具

工具名称	主要功能	突出特点
Google Analytics	分析网站流量数据（访问量、用户行为、转化率等）	功能强大，使用广泛，可以帮助营销人员了解网站流量来源、用户行为模式、转化率等关键指标
百度统计	分析网站流量数据，提供更符合中国用户习惯的分析报告	中文界面，更适合中国用户，可以帮助营销人员了解网站流量来源、用户行为模式、转化率等关键指标
GrowingIO	分析用户行为数据，提供更精细化的用户行为分析	提供更深入的用户行为洞察，可以帮助营销人员了解用户在网站或App上的行为轨迹、转化漏斗、留存率等

AI用户画像，构建你的用户百科全书，助你深入了解用户，实现精准营销。通过多维度数据整合，让你的"用户地图"更加的精准、清晰。

有了用户画像：

● 用户画像信息更加全面。多维度的数据来源能全方面地补充用户的行为信息。

● 个性更加鲜明。能够让用户更好地理解AI，也可以根据用户行为识别用户的习惯。

● 精细运营。可以针对不同用户群体制定不同的运营策略。

详细信息可以参考第三章。

AI用户画像的应用场景（表1-14）。

表1-14　　　　　　　AI用户画像的应用场景

应用场景	AI用户画像应用	预期效果
个性化推荐	根据用户兴趣、偏好、行为等，推荐个性化的产品、内容、服务（如客户的购买记录、历史订单等）	提升用户转化率，增加用户黏性（例如，提高平台的回购率，降低运营成本）

续表

应用场景	AI 用户画像应用	预期效果
精准广告投放	根据用户画像特征，定向投放广告，精准触达目标受众（如客户的职位、客户的消费水平等）	提高广告点击率，降低广告成本，提升广告 ROI（例如，根据客户的行为数据，进行更加准确的关键词投放）
内容定制	根据用户画像特征，定制个性化的内容，如文章、邮件、活动等（如客户喜欢阅读的类型、客户的职业等）	提高内容吸引力，提升用户参与度（例如，为用户提供更加个性化的内容推送）
客户服务	通过用户画像了解客户需求和偏好，提供更贴心的服务（如客户对服务的评价、客户的情绪特点）	提高客户满意度，提升客户忠诚度（例如，增加用户对平台的好感，降低用户流失率）

以上 AI 功能，并非高深莫测，而是可以轻松驾驭的营销利器！

为驾驭 AI 营销工具，你需要：

- 目标明确：知道你想解决什么问题，实现什么目标。
- 数据在手：确保掌握高质量、可信赖的数据。
- 持续迭代：拥抱变化，从实践中总结经验、优化策略。

AI 工具，不仅是一项技术，更是你驰骋 AI 营销战场的强大助力！只有掌握这些营销利器，才能开启数据驱动、智能增长的全新篇章！

> 数据准备：AI 营销的"粮草库"

在 AI 营销的战场上，数据就是弹药和粮草。没有充足、优质的数据，即使再强大的 AI 也无法大展拳脚！本节将为你讲解 AI 营销的数据之道，构建稳固可靠的数据根基，让你的 AI 营销后顾无忧、火力全开！

AI 营销的核心在于，使用优质的数据来快速打造品牌和销量！接下来，我们将进一步探讨 AI 营销的数据准备工作。

数据质量：AI 营销的"生命线"

数据质量如同生命线，决定 AI 分析的准确性、可靠性，最终影响营销的成败。

正如巧妇难为无米之炊，即使再精妙的 AI 算法，也离不开高质量的数据。如果数据失真、残缺、过时，那么 AI 的分析结果必然谬以千里。

数据质量的关键维度和评估方法见表 1–15。

表 1−15　　　　　数据质量的关键维度和评估方法

维度	描述	举例	评估方法
准确性	数据是否真实反映实际情况	用户年龄、性别是否真实？	数据校验、与可靠数据源对比、人工审核
完整性	数据是否包含所有必需的字段和信息	用户画像是否缺少关键信息？	检查缺失值数量和比例、与数据字典对比
一致性	数据在不同来源和系统中的一致性程度	CRM 系统和网站上的用户数据是否一致？	数据对比、交叉验证
及时性	数据的更新频率和时效性	用户的购买记录是否及时更新？	检查数据更新时间、与实时数据源对比
相关性	数据与分析目标的相关程度	分析用户购买行为，浏览历史数据比年龄更相关	分析数据与目标之间的逻辑关系，评估数据对目标的影响程度
有效性	数据是否能够用于分析和决策	是否需要删除无效数据，评估数据对分析结果的影响？	去除无效数据、识别异常值、评估数据对分析结果的影响
可访问性	数据的访问便捷程度	是否存储在易于访问的数据库，并提供查询和导出功能？	评估数据获取的难易程度、数据查询和导出的便捷性

数据清洗和预处理：让"粮草"精益求精

收集到的原始数据如同未经加工的原材料，只有进行清洗和预处理，才能最大化发挥其价值。

常用的数据清洗和预处理方法见表 1−16。

表 1−16　　　　　常用的数据清洗和预处理方法

方法	描述	示例
缺失值处理	填充缺失值、删除缺失值、使用模型预测缺失值	使用用户的平均值进行填充，如果数据缺失过多则直接删除缺失值

续表

方法	描述	示例
异常值处理	删除异常值、替换异常值、对异常值进行转换	对于明显错误的数据,如年龄大于150岁的数据,则直接删除
数据转换	将数据转换为适合AI算法的格式(分类数据转数值型数据、标准化、归一化处理)	将学历数据转换为数值型数据(如高中=1,本科=2,研究生=3),便于AI算法的运算
数据去重	删除重复数据,避免重复计算	在收集用户数据时,可能会出现重复注册的情况,需要删除重复的数据
数据降维	减少数据的维度,提高计算效率(主成分分析)	将用户的多个兴趣标签合并为几个主要的兴趣类别

免费数据收集:"开源情报"的力量

巧妇难为无米之炊,数据从何而来?免费的数据收集工具,如同你的"开源情报"收集器。

实用的免费数据收集工具推荐见表1–17。

表1–17　　　　　实用的免费数据收集工具推荐

具类型	工具名称	主要功能	使用技巧
搜索引擎	Google、百度、必应等	获取行业信息、竞品信息、用户评论等	利用高级搜索语法,提高搜索效率;分析搜索结果的可靠性;关注行业关键词和长尾关键词
社交媒体	微信公众号、微博、抖音、小红书等	收集用户反馈、了解用户行为、分析热点话题等	关注行业相关的账号和话题,分析用户评论和互动数据,利用社交媒体分析工具分析粉丝画像、互动趋势等

续表

具类型	工具名称	主要功能	使用技巧
行业报告数据平台	艾瑞咨询、易观分析、Statista 等	获取行业报告、市场数据、用户调研数据等	关注行业报告的发布机构和发布时间，分析报告的可靠性和数据来源；选择合适的行业报告并进行深度解读
政府公共机构数据	国家统计局、各地政府网站等	获取宏观经济数据、行业统计数据、政策法规等	关注政府网站的数据更新频率，并学习如何使用政府数据进行分析
爬虫工具	八爪鱼、后羿采集器等	自动化采集网络数据	学习爬虫工具的使用方法，遵守网站的robots协议，避免对网站造成过大的负担，注意数据安全性和合规性
问卷调查工具	问卷星、腾讯问卷等	创建和发布在线问卷，收集用户反馈	设计合理的问卷问题，确保问题的清晰度和有效性；选择合适的问卷发布渠道，提高问卷回收率；利用AI分析问卷数据，进行情感分析，关键词提取等
竞品分析工具	SimilarWeb、蝉大师等	分析竞争对手的网站流量、关键词排名、广告投放等数据，了解竞争对手的营销策略	选择合适的竞品分析工具，并结合自身情况进行分析；分析竞品数据，找出自身优势和劣势，并制定相应的营销策略
用户行为分析工具	Google Analytics、百度统计、神策数据等	分析用户在网站或App上的行为数据，如访问路径、页面停留时间、转化率等	了解用户行为分析工具的使用方法，并根据分析结果优化网站设计、产品功能和营销策略

数据格式转换：让数据"融会贯通"

不同渠道的数据格式各不相同，只有统一格式，才能最大化发挥其价值。

- 文本格式转换：将不同编码格式的文本转换为统一的编码格式，如 UTF-8。
- 表格格式转换：将 CSV、Excel、SQL 等格式的表格数据转换为统一的格式。
- 音视频转文本：将音频和视频内容转换为文本格式，例如将用户访谈录音、产品演示视频转换为文本，以便进行分析。
- 图片转文本（OCR）：将图片中的文字提取出来，转换为文本格式，例如将产品说明书、海报等图片中的文字提取出来，以便进行分析（表1-18）。

表1-18　　　　　　　　　　数据格式转换

数据格式	处理工具	处理说明	举例
不同编码的文本	文本编码转换工具	转换为 UTF-8	统一编码格式
CSV 转 Excel	Excel、Python	批量转换	将搜集到的 CSV 文件统一为表格进行管理和查看
音频转文本	语音识别 API	提取关键信息	快速从销售的电话录音中提取关键信息

数据预处理：让数据"精兵简政"

经过清洗和转换，数据仍然可能存在冗余信息、缺失值和格式问题，进行预处理后，才能用于 AI 分析。

AI 数据预处理的关键步骤：

- 数据清洗：去除重复数据、纠正错误数据、处理缺失值等，保证数据的准确性。

- 数据转换：将数据转换为适合 AI 算法的格式，例如将分类数据转换为数值型数据。
- 特征工程：提取或构建新的特征，以提高模型的性能。
- 数据降维：减少数据的维度，以提高计算效率。

数据是 AI 营销的基石，安全与隐私是重中之重。

在 AI 营销中，数据不仅是"粮草"，更如同企业的"指南针"，能够指引你作出更明智的决策。只有构建"数据驱动"的思维，才能在 AI 营销的时代"乘风破浪"。

现在就开始，拥抱 AI，优化你的数据战略，让 AI 透视世界，数据驱动增长！

AI 洞察：
用数据看透目标客户

数据化客户画像：精准绘制你的"用户地图"

营销探险家们，欢迎来到 AI 洞察的奇妙世界！在 AI 营销的旅程中，了解你的用户如同绘制地图，只有精准的地图才能引导你找到宝藏。而用户画像，正是这样一张用户地图，它描绘了用户的全貌，能指引你精准触达用户的内心。

过去，我们只能雾里看花，猜测用户心思。现在，AI 如拨云见日，让你看透用户。AI 数据化客户画像，如高清透视镜，助你了如指掌。

用户画像基础：你的"用户地图"解读指南

用户画像，不仅是用户的照片，更是用户的百科全书。其不仅包含用户的基本信息，更重要的是描绘了用户的行为习惯、兴趣爱好、消费偏好，甚至是心理活动，有助于了解"TA 是谁""TA 想要什么""TA 在想什么"。

如果你对用户一无所知，营销活动就像大海捞针。用户画像则如精准营销的指南针，为你指明方向（表 2-1、图 2-1）。

表 2-1　　　　　　　　　　用户画像的作用

用户画像的作用	描述
精准营销	了解用户需求，制定更精准的营销策略，避免"广撒网"式的无效投放
个性化体验	为不同用户提供个性化的产品和服务，提升用户满意度和忠诚度
提升转化率	当营销内容与用户需求高度匹配时，转化率自然会提升，精准触达目标用户
优化产品	深入了解用户需求，有助于优化产品设计，更好地满足市场需求，并更好地将理论知识应用到实践中，从而让你的产品更具竞争力
精细化运营	用户画像可以帮助你对用户进行细分，针对不同的用户群体制定不同的运营策略，为企业的发展提供坚实保障
提升客户生命周期价值	用户画像有助于了解用户的生命周期阶段，并针对不同阶段的用户采取不同的营销策略，并在 AI 时代持续创新，从而更好地适应市场变化，为企业的发展提供坚实保障

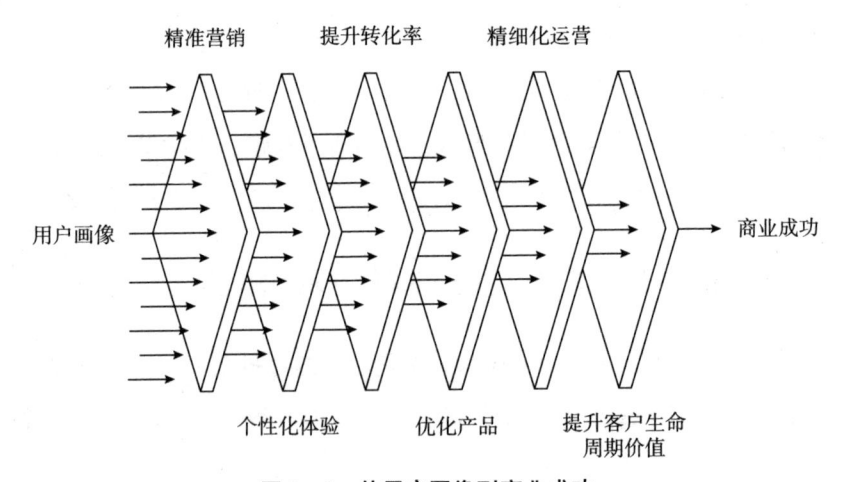

图 2-1　从用户画像到商业成功

用户画像如同一个多面体，由多个维度构成，每个维度都从不同角度描绘了客户的特点。

（1）基本属性：年龄、性别、地域、学历、职业、收入水平、婚姻状况、家庭结构等人口统计学信息。

（2）行为特征：购买行为、浏览行为、App 使用行为、社交媒体行为等。

（3）心理特征：价值观、兴趣爱好、生活方式、动机、态度等（图 2-2）。

基本属性
人口统计学信息的基本特征。

行为特征
描述消费者的行为模式。

心理特征
反映个体的心理和情感状态。

图 2-2 人口统计特征

用户画像构成要素示例见表 2-2。

表 2-2 用户画像构成要素示例

维度	描述	示例
基本属性	用户的人口统计学特征	25~35 岁，女性，一线城市，本科，月收入 1 万元以上，白领，已婚，有子女
行为特征	用户的行为习惯，包括购物、浏览、使用 App、社交媒体行为等	经常在电商平台购买美妆产品，平均每月消费 500 元以上，喜欢浏览时尚杂志和美妆博主的社交媒体账号，经常在晚上使用购物 App
心理特征	用户的内心世界，包括价值观、兴趣爱好、生活方式、动机、态度等	追求时尚，注重生活品质，喜欢尝试新事物，对品牌有较高的忠诚度，乐于分享购物体验，注重环保和可持续发展

告别经验主义，拥抱数据驱动。AI 让用户画像更精准、客观、实时！

（1）数据来源：企业内部数据、第三方数据。

（2）数据质量：准确、完整、一致、及时。

（3）数据分析：AI 分析海量数据，发现用户行为模式、兴趣偏好、潜在需求。

AI 就像一位技艺精湛的"画师"，能够利用各种"绘画工具"——AI 算法，将用户的数据"绘制"成一幅清晰的用户画像，流程如图 2-3 所示。

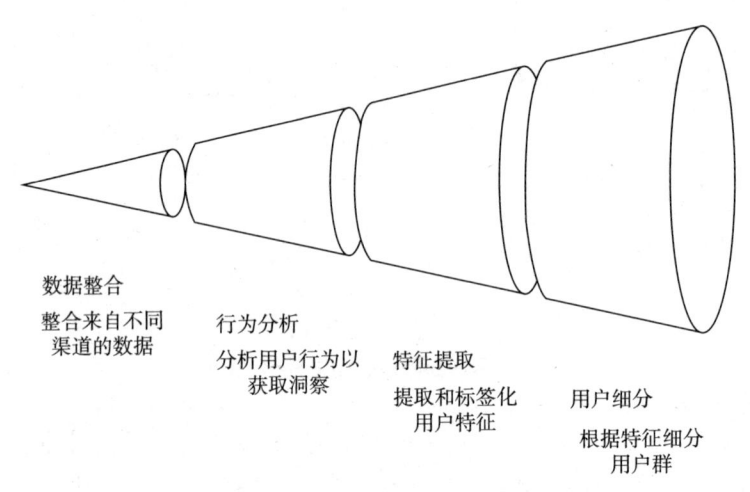

图 2-3　从数据到洞察

（1）数据整合：多渠道数据收集，数据整合。

（2）行为分析：事件追踪，路径分析，转化分析。

（3）特征提取：特征提取，标签化。

（4）用户细分：聚类分析，精准营销。

用户画像的应用：让你的"用户地图"指引方向

AI 用户画像，不是纸上谈兵，而是需要落地应用！

掌握 AI 用户画像，你将能够：

（1）精准投放广告：将广告展示给最可能感兴趣的用户，提高广告的点击率和转化率，降低广告成本。

（2）个性化推荐：为用户提供个性化的产品或内容推荐，提高用户的购买意愿和满意度。

（3）客户关系管理：对客户进行分类，并针对不同类型的客户提供不同的服务，从而让服务更具针对性。

（4）产品优化：了解用户对产品的需求和痛点，从而改进产品设计，提升用户体验。

AI 用户画像：无限进化，未来可期

AI 用户画像的未来，将更加智能，更加"懂你"。

（1）实时用户画像：更及时地反映用户的变化。

（2）预测性用户画像：做好准备，精准营销。

（3）多模态用户画像：构建更加全面精准的用户画像。

AI 将持续进化，让我们紧跟时代，持续探索！

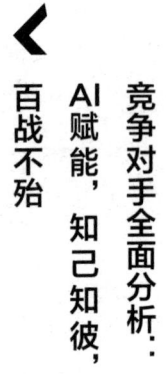

竞争对手全面分析：AI赋能，知己知彼，百战不殆

营销竞争如棋局博弈，胜负在于洞察先机。本节聚焦AI竞争对手分析，助你练就洞察之眼，在商战中运筹帷幄、步步为营！

传统对手分析，如盲人摸象、雾里看花，信息滞后、片面、主观！现在，AI如透视之眼，助你看透竞争对手的一招一式、一兵一卒，制定更有效的竞争策略。

品牌深度解析："揭开"品牌面具"

品牌，既是企业的灵魂，也是用户认知和情感连接的关键。AI有助于揭开竞争对手的品牌面具，剖析其内在基因。

AI品牌深度解析见表2-3和图2-4。

表2-3　　　　　　　　　AI品牌深度解析

分析维度	数据来源	AI应用	输出结果
品牌定位	官网、宣传资料、广告语、产品信息	自然语言处理、文本分析	高端/大众/小众品牌、目标市场、核心用户群体

续表

分析维度	数据来源	AI 应用	输出结果
品牌形象	LOGO、VI 设计、官网风格、社交媒体形象	图像识别、风格分析	时尚/科技/简约/传统风格、品牌个性、视觉元素分析
品牌价值观	宣传文案、品牌故事、企业文化、用户评论	自然语言处理、情感分析	创新/环保/品质/服务价值观、品牌理念
用户群体	粉丝画像、用户评论、社交媒体互动	数据分析、用户画像	年龄、性别、地域、兴趣爱好、消费习惯等用户特征

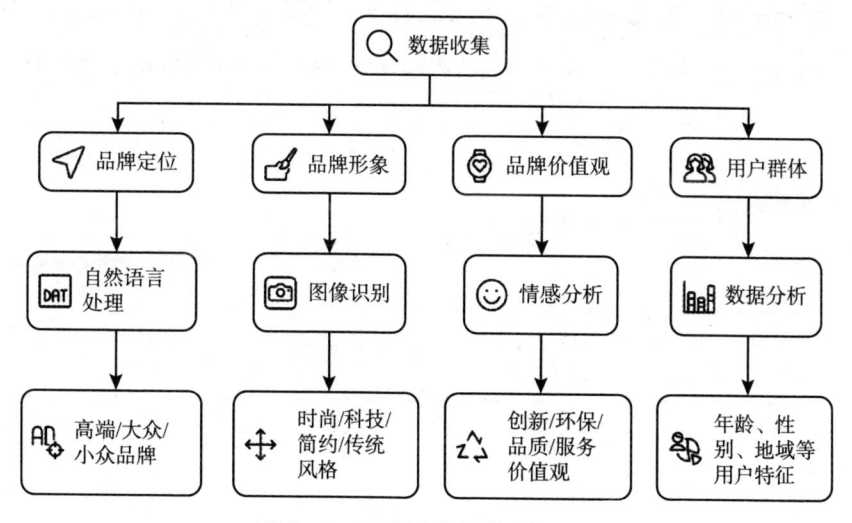

图 2-4 AI 驱动的品牌分析流程

例如：

（1）AI 分析某品牌 LOGO 的色彩、设计风格，推断其品牌定位为"科技、创新"。

（2）AI 分析用户评论，发现用户对某品牌"环保理念"认可度高，从而印证其品牌价值。

产品深度挖掘：剖析"产品基因"

产品，是企业立身之本。AI 助你细致入微挖掘产品信息，剖析竞争对手的产品基因。

AI 产品深度挖掘见表 2-4。

表 2-4　　　　　　　　　　AI 产品深度挖掘

分析维度	数据来源	AI 应用	输出结果
产品功能	产品说明书、用户手册、评测报告、官网介绍	自然语言处理、文本分析	产品功能列表、功能对比分析、竞品功能差异化分析
产品特点	用户评论、产品评测、社交媒体讨论	自然语言处理、情感分析	产品优缺点、用户体验、用户痛点
产品价格	电商平台、比价网站、竞争对手官网	数据采集、数据分析	价格对比分析、价格趋势预测
产品销售渠道	电商平台、官网、线下门店、经销商信息	数据采集、数据分析	线上线下渠道分析、渠道覆盖率、渠道转化率分析

例如：

（1）AI 分析用户对某竞品"续航能力不足"的评价，从而提示你提升电池性能。

（2）AI 监测竞品打"促销战"，从而让你灵活调整应对。

营销策略深度解析：破解"营销密码"

营销策略是企业攻城略地的核心战术。AI 助你洞悉营销策略，破解竞争对手的营销密码。

AI 营销策略深度解析见表 2-5 和图 2-5。

表 2-5　　　　　　　　AI 营销策略深度解析

分析维度	数据来源	AI 应用	输出结果
广告投放策略	广告平台数据、竞争对手官网、社交媒体广告	数据采集、广告创意分析、广告效果评估	广告投放渠道分析、广告创意风格分析、广告预算评估、目标受众分析
内容营销策略	竞争对手官网、微信公众号、微博等	自然语言处理、文本分析、内容质量评估	内容主题分析、内容类型分析、内容风格分析、内容传播渠道分析、内容效果评估
社交媒体策略	社交媒体平台数据	数据采集、用户行为分析、情感分析	粉丝画像分析、互动率分析、内容发布频率分析、用户情绪分析、竞品与 KOL 合作情况

数据分析
处理和分析收集的数据

AI 应用
应用 AI 技术进行深入分析

策略评估
评估广告、内容和社交媒体策略

图 2-5　AI 驱动的竞争对手分析漏斗

例如：

（1）AI广告投放渠道分析：发现竞争对手主要投放于抖音平台，从而提示你加大抖音投入。

（2）AI内容营销分析：发现竞争对手擅长知识类内容，从而提示你差异化竞争。

AI分析竞争对手的步骤及核心意义见表2-6。

表2-6　　　　　AI分析竞争对手的步骤及核心意义

核心步骤	内容	意义
数据收集	利用爬虫软件等进行信息收集	高效整理市场和用户数据，为后期内容输出奠定基础
受众分析	分析客户的受众人群、年龄占比、性别比例，主要受众人群地域划分	精准分析客户，有效认知客户受众，方便产品转化
产品营销渠道分析	分析竞争对手主要营销渠道，如抖音、快手、小红书等	明确竞争优势，精准定位产品方向，有效完成客户转化

差异化策略：打造你的"护城河"

AI不仅让你知彼，更有助于知己。只有找到差异化优势，才能打造你的独门秘籍。

利用AI技术，要有效结合自身的产品，才能得到飞跃性的提升，同时AI的应用也会遇到以下的难点：

（1）需要专业人士进行算法选择。

（2）需要有专业人员进行评估数据质量等。

要充分评估企业的优劣势，从而有效做出决策。只有对AI有一个清晰的认知，了解AI的优势和短板，才能正确地应用。

行业趋势预测：AI 的"水晶球"，预见未来，把握先机

营销战场，风云变幻。唯有洞察趋势，方能决胜未来。本节将为你揭秘 AI 如何化身预测大师，让你拥有预见未来的"水晶球"，在激烈的市场竞争中，先人一步，决胜千里！

综观当今市场，新兴技术层出不穷，消费模式迭代更新，营销者们身处信息洪流中，常常难以分辨哪些是昙花一现，哪些是真正蕴藏着巨大潜力的趋势。若不能对行业趋势进行准确把握，则极有可能导致：

（1）营销策略与市场脱节：虽投入大量资源，却无法获得预期效果。

（2）产品开发方向错误：研发出的产品不符合市场需求，导致滞销。

（3）错过发展机遇：在新兴市场爆发前未能及时布局，错失良机（图 2-6）。

而有了 AI，一切都将改变！

AI 化身企业决策者的先知，以数据为基石，以算法为驱动，为营销者们解锁预见未来的密码，助力企业在市场浪潮中稳立潮头、长远发展！

AI 应用进阶系列：图表说营销

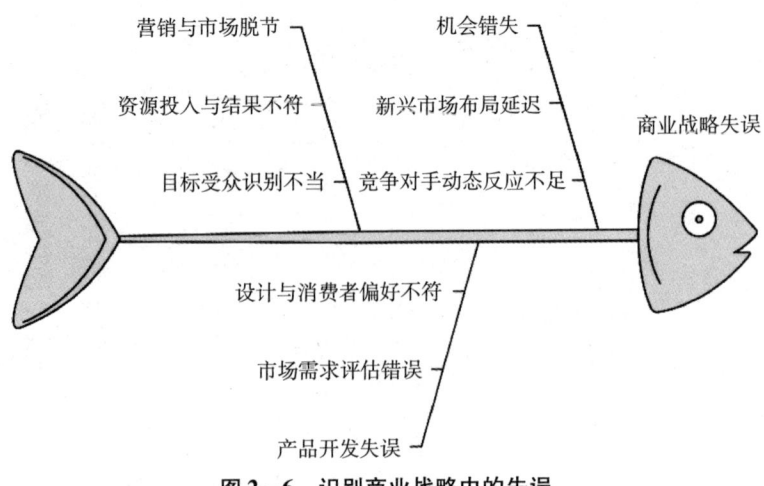

```
                    营销与市场脱节        机会错失
        资源投入与结果不符      新兴市场布局延迟
                                                商业战略失误
            目标受众识别不当    竞争对手动态反应不足


                        设计与消费者偏好不符

                    市场需求评估错误

                产品开发失误
```

图 2-6　识别商业战略中的失误

AI 作为你的"趋势预测大师"，能够：

（1）精准预测市场趋势：AI 通过分析海量数据，如市场调研数据、行业报告、消费者行为数据等，能够更精准地预测市场趋势，例如预测市场规模的变化，预测用户需求的变化，预测新技术的兴起等，从而帮助你更精准地制定营销策略。

（2）提前布局，抢占先机：AI 的预测能力，能够帮助你提前布局，例如提前开发新产品，调整营销策略，从而在竞争中抢占先机。

（3）规避风险，降低损失：AI 可以帮助你预测潜在的风险，例如预测市场需求下降的风险，预测竞争对手的行动等，从而帮助你规避风险，降低损失（图 2-7）。

精准的预测，离不开全面、可靠的数据。AI 就像一个强大的"数据雷达"，能够从多个渠道收集数据，并进行整合和分析，为你的预测提供坚实的基础。想要进行有效的预测，对数据本身要求也是非常高的。首先，数据质量要高。其次，数据的准确性和实时性尤为重要。

预测市场趋势
AI预测市场变化

提前布局
AI建议提前行动

规避风险
AI识别潜在风险

图2-7 AI驱动的市场战略

试想一下,如果AI分析的数据本身就是过时、错误的,那么怎么可能做出正确的预测呢?

那么,AI需要收集哪些数据,才能更好地胜任"趋势预测大师"这一角色?

1. AI行业趋势预测的数据来源(表2-7)

表2-7 AI行业趋势预测的数据来源

数据来源	描述	AI应用	举例
行业报告	由专业的市场研究机构发布,如艾瑞咨询、易观分析等,提供对特定行业的深入分析,如市场规模、发展趋势、竞争格局等	AI可以快速检索和分析大量的行业报告,提取关键信息,并进行趋势分析	从报告中了解AI技术在电商行业的应用比例和增长速度
市场调研数据	通过问卷调查、用户访谈、焦点小组等方式收集的数据,能够直接反映用户的需求和偏好	AI可以对市场调研数据进行清洗、分析和可视化,并识别用户需求和痛点	AI分析用户对智能客服的满意度打分,从而了解用户对现有服务的评价

047

续表

数据来源	描述	AI应用	举例
消费者行为数据	来自电商平台、社交媒体、网站、App等渠道的用户行为数据，例如用户的浏览历史、购买记录、搜索关键词等	AI可以分析用户行为数据，识别用户行为模式和趋势，例如预测用户的购买意向，分析用户的兴趣变化等	AI可以根据用户的历史购买记录和浏览行为，预测用户未来可能购买的产品，从而进行个性化推荐
竞争对手数据	竞争对手的公开信息，例如他们的产品信息、营销活动、新闻报道等，可以帮助我们了解竞争对手的策略和动态	AI可以分析竞争对手的数据，例如分析他们的产品价格、广告投放策略、社交媒体运营情况等，从而制定更有效的竞争策略	AI可以分析竞品的广告投放策略，从而优化自身的广告投放策略
宏观经济数据	来自政府机构和金融机构的宏观经济数据，如GDP、CPI、利率等	AI可以分析宏观经济数据，预测经济发展趋势，并评估其对行业的影响	经济形势良好时，人们会倾向于购买更高质量的产品，从而有助于企业制订更高价格的产品计划
技术发展数据	关于新兴技术的信息，如专利数据、科研论文、行业新闻等	AI可以分析技术发展数据，预测未来技术发展趋势，并评估其对行业的影响	通过分析行业新闻，发现VR技术将会在游戏领域得到长远发展，由此加大在VR游戏上的营销投入
社会文化数据	如人口结构、文化趋势、生活方式等，可以帮助我们了解社会文化变迁对行业的影响	AI可以分析社会文化数据，预测未来消费趋势和用户需求变化	人们生活水平提高，更加注意健康，减肥市场持续兴起

精准的数据分析和获取离不开工具，AI智能工具能够高效地从海量数据中提取有价值的信息，为我们提供决策支持。

2. AI 数据收集工具推荐（表 2-8）

表 2-8　　　　　　　　　　AI 数据收集工具推荐

工具类型	工具名称	主要功能	使用技巧
搜索引擎	Google、百度、必应等	获取行业信息、竞品信息、新闻资讯等	使用高级搜索语法，提高搜索效率；关注垂直领域搜索引擎，如学术搜索引擎
社交媒体监听工具	Brandwatch、Talkwalker 等	监听社交媒体上的品牌声量、用户反馈、热点话题等	设置关键词监控，跟踪竞品动态；分析用户情绪，了解用户对品牌的评价
数据采集平台	八爪鱼采集器、Python 爬虫库等	自动采集网络数据，例如电商平台的商品信息、社交媒体的用户评论等	学习使用数据采集工具，并遵守网站规则；对采集到的数据进行清洗和预处理
数据库	MySQL、MongoDB 等	存储和管理数据	选择合适的数据库类型，并学习数据库管理技能
数据可视化工具	Tableau、PowerBI 等	将数据以图表等形式进行可视化呈现	选择合适的图表类型，清晰地展示数据；利用可视化工具进行数据探索和分析

"数据金矿"虽蕴藏无限价值，但若未经勘探与提炼，终究只是无用之石。通过对历史数据的有效分析，可以对未来的竞争信息进行预测，保证企业的有效发展，例如：

（1）进行时间序列分析，利用以往数据进行预测。

（2）对用户行为进行有效分析，为以后的产品改进提供更有效的数据支撑。

商业数据分析优缺点见图 2-8。

优点	VS	缺点
预测未来趋势		需要勘探
改善产品开发		需要战略方法
确保有效增长		数据依赖性
战略对齐		误解的潜力
提升营销目标		资源密集型

图2-8 商业数据分析优缺点

想要更好提升能力，只有结合企业内容，并配合有效战略，才能帮助企业更好的发展。总之，精准获取数据、有效分析数据对企业达成营销目标至关重要。

> **潜在市场机遇：AI 的"寻宝罗盘"，发掘新兴市场和潜在用户**

营销之路如扬帆远航，驶向未知海域。茫茫市场，机遇何在？本节 AI 将化身寻宝罗盘，助你拨开迷雾、精准定位，开启营销增长新纪元！

传统寻觅，如大海捞针，盲目、低效。AI 导航，则如慧眼识珠，精准高效。

AI 寻宝：解锁"增长密码"

AI 是决胜未来的关键。那么 AI 如何赋能潜在市场机遇发掘？

（1）AI 分析——锁定潜力市场：从宏观市场数据中，洞悉未来增长点，挖掘更深层次的市场需求，找到值得深耕的垂直领域。

（2）AI 驱动产品创新——开拓全新产品线：通过大数据技术创新产品线，发掘更多功能，拓宽产品市场。

（3）AI 场景延伸，实现跨界应用：AI 从用户反馈中捕捉潜在需求，为产品拓展应用边界。

(4) AI 用户行为预测——锁定高潜用户：AI 从历史数据中预测用户未来行为，提供个性化服务。

AI 就像不知疲倦的探矿工，从数据矿藏中提炼增长燃料（表 2-9）！

表 2-9　　　　　　　　　　AI 寻宝优势

AI 寻宝优势	具体描述
发现潜在市场	通过 AI 分析行业数据和市场趋势，例如分析电商平台上的用户数据和购买记录，从而快速识别新的市场机遇，或者发掘新兴市场
驱动产品创新	借助 AI 数据分析，深度挖掘客户反馈，可以深入了解客户痛点和潜在需求，并为新产品开发提供方向，更好地将技术应用到产品创新中，从而开发出更具竞争力的产品
拓展应用场景	通过 AI 可以跨界应用，将现有的产品或技术应用到新的领域或场景中，从而拓展产品的应用范围
精准定位目标用户	AI 可以分析目标客户的特征和行为数据，锁定目标用户的用户画像，从而为精准营销提供帮助，并且抓住消费者的消费心理

"三新"机遇：AI 的"点金术"

新产品、新应用、新市场是企业增长的三大法宝。AI 能够赋予营销者点石成金之术，激活"三新"，引爆增长核弹！

AI 如何发掘新产品、新应用、新市场，以及如何从中提取信息，从而达到营销价值最大化？

（1）数据驱动产品创新：AI 能够收集以及分析市场客户数据，通过社交媒体渠道分析，能够更精准地掌握消费者的最新需求。

（2）拓展思维，开发新应用：AI 强大的数据整合能力能够整合各行各业的数据，通过数据分析能把产品进行跨界应用。

（3）AI算法加持，发现新的营销模式：通过AI对各类用户进行划分，更便于品牌方进行营销，通过建立各种营销模型，帮助品牌方与消费者实现双赢。

在精准判断上，利用AI技术可以准确定位消费人群，对用户喜好进行细分，最后对消费者喜好的商品或者内容进行推荐，达到品牌宣传的目的（表2-10）。

表2-10　　　　　　　　　　　AI机遇及应用

机遇类型	AI应用	案例
新产品	分析用户反馈、技术趋势，预测市场需求，驱动产品创新	通过AI分析用户反馈，某公司发现用户对产品的续航能力不满意，于是他们研发了新的电池技术，并推出了续航能力更强的新产品
新应用	拓展产品应用场景，如跨界应用、场景挖掘	某公司将人脸识别技术应用到门禁系统中，提高了安全性
新市场	识别和评估新兴市场，如新兴地域市场、新兴用户群体以及新的消费场景	AI通过分析用户数据，发现老年人对智能家居产品的需求越来越大，于是某公司开始研发老年人专属的智能家居产品

精准定位：找到"天作之合"的用户

AI赋能，能实现从撒网捕鱼到精准投放的转变，让对的产品遇见对的人。

AI相似人群扩展能让营销更具针对性，把产品推送给潜在客户，实现产品价值提升。

AI 预测：预见"未来商机"

AI 洞察，不局限于当下，更能预见未来。AI 技术可以帮我们对营销活动进行效果评估，如确定用户转化率、点击量等。拥有这些数据，有助于我们及时发现市场趋势和变化，从而实现营销效果提升。

AI 能为企业实现更精准的商业模式创新，并且可以助力企业实现更好的运营。AI 营销的最终目标是通过营销提高转化效率。在 AI 时代，数据是营销的基石，只有拥抱技术，才能让企业更上一层楼。

本节核心内容总结见表 2-11。

表 2-11　　　　　　　　　　内容总结

数据来源	数据分析	带来的价值
用户反馈	关键词提取，意见分析	为产品和服务改善提供方案
市场数据	市场规模预测，需求结构分析	企业在进行产品研发和服务时，能够更贴合市场和用户需求
竞争对手数据	竞争对手投放渠道，促销活动信息	为企业提供战略依据

AI 内容工厂：
高效产出爆款内容

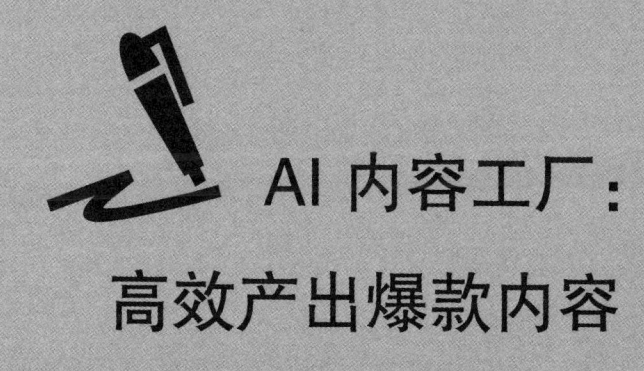

AI 文案生成：妙笔生花，AI 让你的文案"自带流量"

灵感枯竭，文案告急？信息爆炸时代，如何让品牌声音穿透噪声，直抵人心？别愁！AI 文案生成化身创意魔法师，解放你的营销大脑，让优质文案源源不断，自带流量！

在这个内容为王的时代，高质量的文案不仅是敲开用户心扉的钥匙，也是驱动营销转化的核心引擎。AI 的出现，重塑了文案创作的流程与标准。

传统文案创作如老牛拉磨，耗时费力、灵感难觅。想要实现内容突围，亟须 AI 赋能（表 3-1）！

表 3-1　　　　　　　　AI 文案生成优势

AI 文案生成优势	描述
降本增效	AI 可以在短时间内生成大量文案素材，降低创作成本，提高生产效率
个性化定制	AI 可以根据不同的用户画像，生成个性化的文案，从而更好地吸引用户的注意力，并让内容更贴近用户
风格多样化	AI 可以模仿不同的写作风格，适应不同的品牌调性和营销场景，让内容更具表现力，例如根据数据报告自动生成新闻稿，可以更具专业性，也可以生成各种风格的视频脚本或者广告宣传

续表

AI 文案生成优势	描述
创意灵感激发	AI 可以分析海量数据，挖掘潜在的创意点，帮助营销人员打破思维定式，产出更具创新性的文案，从而提高营销内容的冲击性，快速完成用户转化
避免低级错误，减少品牌损失	AI 可以帮助避免很多用词错误、语法错误等低级错误，有效避免品牌损失。长期来看，也有利于企业口碑的积累

别把 AI 文案生成想得太复杂！其背后，是算法、模型与数据的精妙协作。

AI 生成文案的核心技术如下：

（1）自然语言处理 NLP：让 AI 能够更好地理解文章，明白文本的含义，从而更好地服务人类。

（2）深度学习：使得 AI 可以从海量的数据进行学习，从而达到快速创作的目的。

（3）推荐算法：运用推荐算法，可以提高用户黏性。

AI 文案生成如七十二变，可根据你的需求，快速生成各种类型的文案（表3-2）！

表 3-2　　　　　　　　　　AI 文案生成类别

AI 文案生成类别	典型应用	描述
广告文案	电商广告、App 推广、品牌宣传等	简洁有力，瞬间抓住用户眼球，突出产品卖点，充分利用图片、音视频等视觉元素，让广告更具吸引力，最终实现营销目标，提升品牌效应
产品描述	电商平台、产品手册、产品详情页	详细生动，全面介绍产品功能和优势，激发用户的购买欲望，帮助用户充分了解产品，为用户提供更好的决策支持，增加消费者对品牌的好感，从而提高用户的购买欲望

续表

AI 文案生成类别	典型应用	描述
社交媒体帖子	微博、微信、抖音、快手等	创意十足，贴合平台特性，引发用户互动和分享，充分利用社交媒体的互动功能，增强用户参与感，提高品牌在社交媒体的影响力，与粉丝进行有效互动，增加用户对品牌的黏性
邮件营销内容	产品推荐、活动邀请、会员通知	个性化定制，提高邮件打开率和点击率，利用大数据分析进行精准推送，规避用户产生厌烦情绪，从而实现利益的最大化，并让营销更加精准有效
营销文章、新闻稿件	博客、官网、行业媒体	专业深入，提供有价值的信息，提升品牌专业度，通过对专业内容的持续输出，强化品牌在用户心中的形象，提高用户信任感，提供专业的指导
SEO 文章	文章标题，商品描述，用于提高店铺浏览量	根据关键词和主题，生成高质量的文章，从而提高网站的流量和排名，在推广上提升内容的可读性，有效传达信息，让搜索排名更加靠前

AI 驱动的内容分析如图 3-1 所示。

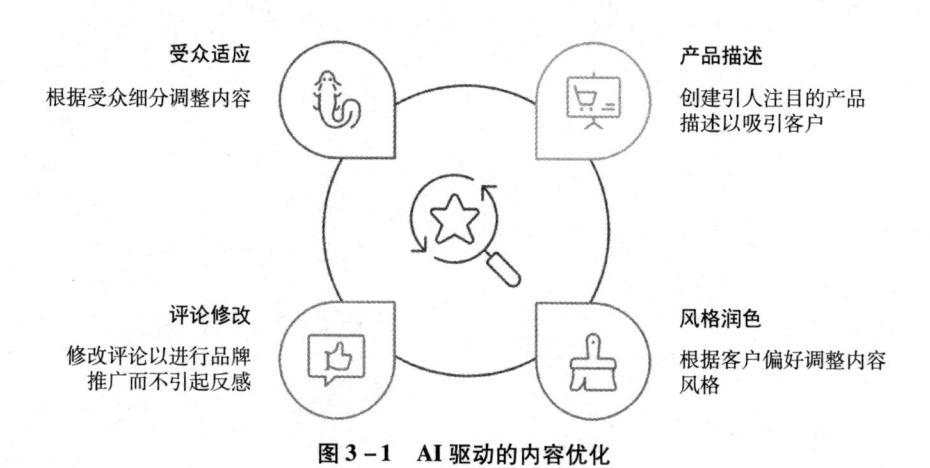

受众适应
根据受众细分调整内容

产品描述
创建引人注目的产品描述以吸引客户

评论修改
修改评论以进行品牌推广而不引起反感

风格润色
根据客户偏好调整内容风格

图 3-1　AI 驱动的内容优化

AI文案并非空中楼阁，而是触手可及！

掌握AI文案生成，即可告别灵感枯竭的瓶颈，从此下笔如有神，让你的文案自带流量！在AI的助力下，一切都将成为可能！

图片视频一键生成：AI 的"视觉魔法"，让你的内容"吸睛"无限

信息爆炸，流量为王！还在为视觉素材匮乏、创意平庸而发愁？让 AI 化身视觉魔法师，助你点石成金、化腐朽为神奇！本节将解锁 AI 视觉超能力，打造吸睛内容，燃爆全场！

想想看，营销者们是否长期面临着如下的问题？想要抓住用户眼球，如何才能在成本、创作、效率以及创意上做到提升？

（1）缺乏吸睛素材，创作平庸。

（2）成本高昂，预算不足。

（3）制作周期长，难以快速适应市场变化。

现在，AI 给了你充分的选择和施展空间。

（1）低门槛：无须专业技能，任何营销人员都可以快速上手。

（2）高效率：AI 自动生成，不需要过多的等待。

（3）低成本：降低运营成本。

（4）风格多样：多种选择，供你挑选，个性化定制，自由选择（图 3-2）。

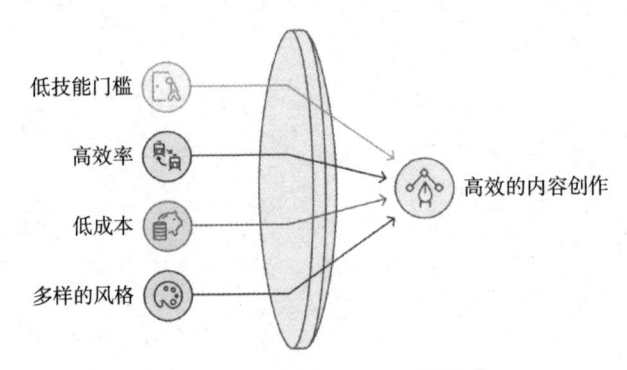

图 3-2　AI 驱动的内容创作优势

AI 营销,其核心就在于数据。通过对数据的有效处理,AI 将成为你的营销利器。

AI 赋能,让产品更加吸睛。

AI 图片生成:你的"专属画师"

AI 图片生成并非海市蜃楼,而是触手可及的创意工具。其基于深度学习等技术,能够为你开启无限创意空间,让视觉表达更具冲击力与感染力!

告别高昂的费用、复杂的流程,现在,AI 让你天马行空!

让我们了解下 AI 在生成图片时是如何工作的?

(1) 确定需求:关键词、用户画像、目标人群、品牌理念是必不可少的。

(2) AI 进行创作:深度学习,快速地生成图片。

拥有了 AI,你可以将想法快速落地,不再需要大量的沟通以及高昂的费用,并且可以短时间内输出大量图片,实现营销效率的飞跃。那 AI

都能完成哪些类型的图片制作呢?

(1)产品宣传图:此类图片不仅能有效突出产品的各种特点,而且能够提升吸引力。

(2)电商主图、详情页:用于在电商平台展示,吸引更多人购买。

(3)社交媒体配图:美观大方,与社交媒体相契合,能发挥极佳的宣传作用。

(4)广告海报设计:提高广告点击率,为企业节约成本。

(5)LOGO 设计和 VI 设计:通过 AI 设计,不仅能大大节省设计师的时间,而且输出种类繁多。

常用 AI 制图工具见表 3-3。

表 3-3　　　　　　　　常见 AI 制图工具

工具名称	主要功能	特点
Midjourney	生成各种风格的图片,支持用户自定义模型	功能强大,可定制化,免费;高质量生成
Stable Diffusion	生成各种风格的图片,可以进行编辑和修改	可控性高,适合对图片细节要求较高的人群;开源免费
DALL-E	用于各种电商平台;可批量完成图片生成,节省人力成本	风格多样,操作相对简单,快速生成高质量的图片素材

AI 视频生成:让你的品牌"跃然眼前"

相对于图画,生动的视频更能调动消费者的情绪,也更容易被接受。想要消费者对品牌产品印象深刻,精美的短视频必不可少。

AI 视频生成,有何强大之处?

AI 解放双手，降低成本。只需简单操作，即可快速制作高质量营销视频，短片制作不再是难题。

AI 能进行以下几种视频生产（表 3-4）。

表 3-4　　　　　　　　　　AI 视频生成

视频类型	内容侧重	价值体现
产品宣传片	全方位展示产品功能和特点，突出优势，满足客户需求，能够进行更有效的宣传	促进客户购买与客户转化，为潜在用户推送有效信息，从而实现更好的销售业绩
品牌故事短片	讲述品牌理念和价值，提升用户信任感和依赖感，有助于打造品牌文化，实现差异化竞争	更好地宣传品牌形象，与用户建立情感连接，提升用户认知度，提升用户对品牌的信任度和好感度
活动回顾视频	记录营销活动，为品牌活动进行宣传。用精彩的镜头语言呈现活动盛况，加强品牌形象，并为企业收获更多合作机会，以更低廉的价格获取收益	能够将品牌营销有力呈现，增加品牌效益，实现低成本高回报
产品使用教程	提供产品使用说明，为用户答疑解惑，降低用户使用门槛，更加直观易懂	提高用户对产品的熟练度，有效避免客户流失，及时解决客户问题，建立企业与用户之间良好的互动模式

若想做好宣传视频，需要什么工具呢？我们来介绍几款比较好用的 AI 视频制作软件：

- Pictory.ai：可以将长视频转换为短视频，快速高效。
- Synthesia：不需要真人出镜，只需要 AI 即可完成，降低视频制作成本。
- 剪映专业版：简单易上手，新手也可以轻松操作。

在明确了需求之后，我们就可以合理地进行创作了，创作时要充分考虑成本以及制作对象。保证质量与效果。AI 可以为我们的营销活动提供源源不断的动力。

"AI+视觉"：解锁营销增长密码

AI 重塑内容生产，为营销带来无限可能（表 3-5）。

表 3-5　　　　　　　　　　AI 视觉特点

特点	详细描述
低成本高效率	AI 可以实现全年无休，创作效率极高
高产出	只要素材足够，AI 就可以进行源源不断的高质量输出
风格多样化	AI 写作可以进行多种风格的创作，满足营销需求，并随着用户需求而改变

（1）提高效益：大幅降低人力成本和时间成本。

（2）风格多样：输出的内容风格多样，营销者拥有更多选择。

（3）更具吸引力：相比于传统模式，AI 更容易产出吸引用户的营销内容。

AI 技术为图片和视频的制作提供了多种可能，使用者可以利用 AI 来为营销赋能。

在明确以上信息之后，就请开启 AI 世界的大门，开启你的视觉创作之旅吧！

创意灵感激发：AI 的"灵感引擎"，让你的创意"天马行空"

在 AI 营销的这场创意接力赛中，如何突破瓶颈、引领风潮？让 AI 灵感引擎为你点燃创意火花，开启源源不断、天马行空的灵感之旅！有了 AI，营销就能摆脱束缚，AI 拥有以下优点：

（1）以更短的时间，产生更优质的内容。

（2）降低人力成本，有更多资金投入其他方面。

（3）可以为员工赋能，提供高质量支持。

在营销工作中运用 AI，让 AI 成为真正的帮手，才能更好地完成工作。

AI 灵感，从何处来？ 解锁 AI 的"创意基因"

想要获得源源不断的灵感，就要了解 AI。AI 并非无源之水、无本之木，其灵感源泉来自对海量数据的深度学习。让我们一起追溯 AI 的创意基因，探寻其灵感之源（表 3-6）！

表 3-6　　　　　　　　　　　AI 灵感来源

AI 灵感来源	详细描述	AI 应用
用户数据	用户浏览数据、搜索记录、购买频率	更好地掌握消费者心理，投其所好
市场数据	行业报告、宏观经济情况	对行业信息进行预测，从而有效进行产品布局
社会文化数据	文化趋势、社会热点	了解社会文化变迁，为企业的发展提供思路
创意素材	高质量图片、高播放量视频等	充分保证品牌文化建设，进行有效的内容构建

AI 通过对各大平台用户评论，关键词的识别，可以分析用户在对品牌或者产品讨论的关键信息，及时发现用户的需求，或者产品的改进空间。AI 还可以通过对当下市场趋势、社会新闻等进行整合分析，为企业的发展方向提供指导。

数据是根本，想要快速获取有效的数据信息，请使用 AI。

（1）只有以海量数据为基础，AI 才能更好地提炼消费特征。

（2）只有对用户数据进行分析，才可以更好地进行投放，有效减少资金消耗。

（3）AI 具有很强的智能化，能够发散思维，为我们提供更多思路。

AI 工具如创意催化剂，有助于打破思维定式，拓展创意边界。

（1）确定内容关键词，为 AI 提供方向，保证内容准确。

（2）使用 AI 助手，辅助内容生成，让 AI 参与到创作中。

（3）进行内容审核与修改，没有 AI 是完美的，只有将人类的思考和 AI 的快速生成相结合才是最好的（图 3-3、表 3-7）。

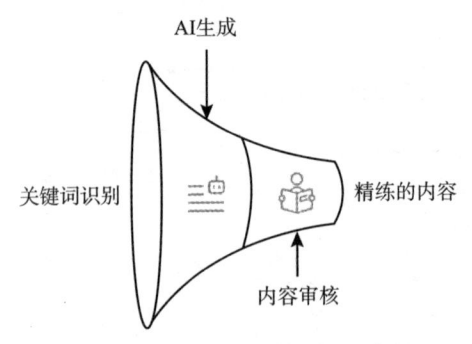

图 3-3　AI 驱动的内容创作过程

表 3-7　　　　　　　　　　　　AI 内容生成

内容特点	详细描述	作用
创意更独特	AI 可以根据人们以往没有涉及的部分进行创作，内容新颖	能够有效吸引用户眼球，帮助品牌脱颖而出
效率更高	AI 强大的内容生成能力可以减少创作的时间，在短时间内实现高质量的创作	为企业节约更多时间成本，并能够将节省的资源投入其他营销活动中
把用户画像与内容创作结合	在进行内容生成时，我们应该充分考虑用户画像等元素，保证内容贴合用户，更易被用户接受	优质的内容能够大幅度提高转化率，减少用户流失

从"0"到"1"：AI 助力内容生成

AI 的出现，将创作从"0"到"1"的过程缩短。能够提升营销速度与爆发力，让品牌价值实现高效转化。

下面我们来看一下如何将 AI 应用到工作当中。

（1）数据分析与洞察：AI 可以进行情绪分析，理解人类的各种语言。理解之后，AI 会进行整合、整理、归纳与分析。

（2）辅助营销决策：对分析之后的数据进行进一步处理，使其可以用于商业；进行用户画像的描绘和预测。

（3）输出可执行方案：AI 可以根据用户画像和数据分析结果，进行内容生成，并且保证准确无误。

利用 AI 生产内容的流程，可以分为三步：需求分析、模型训练以及内容生成（表3-8）。

表3-8　　　　　　　　　　AI 生产内容流程

模型步骤	内容概述
需求分析	通过市场调查分析客户核心诉求
用户信息采集	通过用户反馈和在线评论抓取客户的关注点
输出内容	通过 AI 工具进行主题的创作

明确方向之后，输出的内容主旨会更加鲜明。

当然，在生成内容时，更要保障产出的质量，为此我们可以采取以下措施：

（1）质量检测：保证内容的原创性。

（2）数据更新：为了避免信息滞后，要及时更新信息。

（3）风格优化：保证整体的风格一致。

AI 在品牌宣传方向的有效运用

通过 AI，我们能够分析海量数据，对品牌进行宣传，提升品牌形象，这些分析包括用户的情感分析、品牌历史信息、行业发展情况等。

使用恰当工具可以实现准确发现品牌在市场上存在的各类问题。

AI可以对品牌宣传进行评估，对品牌宣传中存在的问题及时进行提醒和纠正，从而帮助企业提高整体的水平。

至此，AI已经实现了辅助内容生成的目的，并且AI辅助所产生的收益也在不断提高。AI的创作大大提升了效率，节约了更多的时间成本与经济成本。

AI营销的学习是一个循序渐进的过程，只有不断学习和实践，才能更好地发挥AI的作用，并为企业赋能。

文案风格个性化定制：AI的"风格魔术师"，让你的品牌"与众不同"

信息过载时代，品牌同质化越发严重。如何在万千品牌中被用户一眼锁定，且念念不忘，回味无穷？AI风格魔术师，为你量身打造专属品牌语言，让品牌文案从此独具个性、深入人心、自带流量！

现在，营销比拼的不仅是产品，更是品牌个性与用户情感共鸣。唯有独特，方能深入人心，才能在客户心中占据重要地位！

那么，如何借力AI，实现品牌文案的个性化突围？

AI风格魔术，究竟有何独到之处（图3-4）？

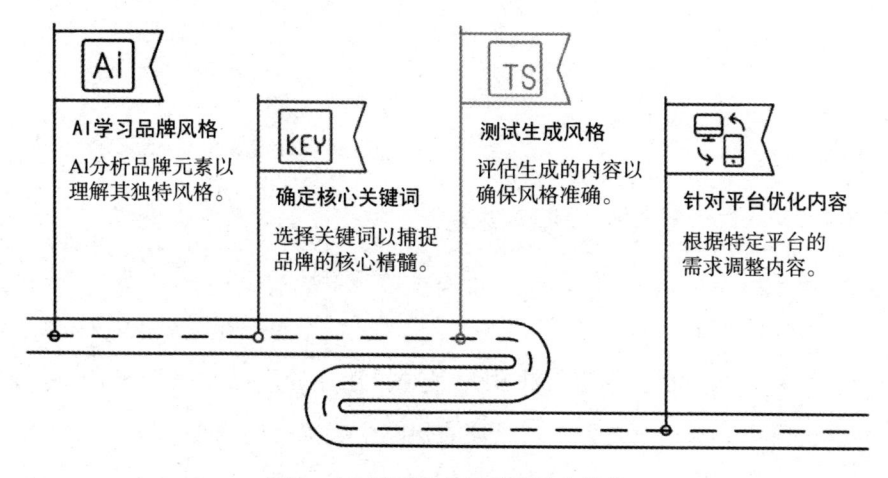

AI学习品牌风格
AI分析品牌元素以理解其独特风格。

确定核心关键词
选择关键词以捕捉品牌的核心精髓。

测试生成风格
评估生成的内容以确保风格准确。

针对平台优化内容
根据特定平台的需求调整内容。

图3-4 AI驱动的品牌风格个性化

请记住，在利用 AI 进行设计时，一定要以人为本，只有和人类的思考相结合，才能打造有灵魂的作品。

AI 识风格：解锁品牌基因密码

要想保证后续的结果符合预期，就要使我们的 AI 与品牌实现深度绑定。这就相当于进行身份认证，让 AI 确信它现在服务于你，在进行风格设计时，既要突出 AI 所带来的高效与便捷，又要保证其中带有品牌特色。

AI 赋能品牌，始于透彻理解品牌自身。只有挖掘品牌 DNA，才能有的放矢。

AI 识风格，分几步走（图 3-5）？

图 3-5　AI 驱动的品牌内容优化

（1）深入分析：深度分析用户品牌，让你的产品、品牌与众不同；并进行评估，提高有效性，这是所有策略中必须有的一步。

（2）文案分析：AI 通过 NLP（自然语言处理）分析，提炼品牌文案的语气、用词、句式、情感等，勾勒风格轮廓。

（3）风格建模：机器学习，融会贯通，便能进行高效率的内容输出，并保证风格统一。

AI 只是工具，提供基础内容，更高级的内容和想法，仍然要人来设计。要始终坚持本心，才能更好地为读者服务，以下是一些关键因素：

（1）理解品牌文化和定位，确保生成的文字与整体品牌形象一致。

（2）生成的内容风格要多样化，适用于多种场景。

（3）理解 AI 生成文字表达方式的局限性。

（4）确保 AI 生成的内容具有原创性，避免侵权等问题。

AI 风格魔术：专属品牌，"一键定制"

拥有 AI 风格模型，接下来，便是见证奇迹的时刻！

（1）输入品牌关键词，明确目标受众，即可实现定制。

（2）内容创作不再是难题，点击生成按钮，即可自动生成。

（3）内容风格和质量有保证，可直接进行后续的修改与发布。

在输出内容时，着重注意以下几个方向：

（1）明确品牌定位：只有清晰的品牌定位，才能更好地为品牌赋能。

（2）细分内容，让用户精准 get 到：为品牌建立模型，并让用户了解品牌文化。

（3）增加互动，AI 要与用户多沟通：建立信任基础。

（4）注重原创，避免侵权：不要触及法律红线，才能安稳持久。

拥有这些之后，便可以长久地运营下去了，与内容进行结合，会给品牌带来与众不同的效果，使得品牌定位更上一层楼。我们就可以根据模型结果进行创意：

（1）内容重塑，保证不落俗套。

（2）结合热点，迎合时代需求，与时代接轨。

（3）与用户真心交流，获得用户反馈。

（4）和用户建立良好关系。

（5）和用户之间进行情感连接。

有了清晰明确的流程之后，又该如何去把控全局呢？

（1）根据企业情况构建数据库。数据库信息越全面，信息整合越完整，AI 所得出的结果便会更加准确，为企业营销赋能。AI 的分析是我们做出决定依据的因素，所以质量一定要高。

（2）选择合适的 AI 工具与平台。AI 技术应用范围广泛，我们需要对其有充分的了解。选择与自身情况相符的平台能够取得如虎添翼的效果，但是要考虑到以下情况：

①平台的价格。

②所支持的功能。

③后期的维护成本等。

AI 工具只是辅助，不能过于依赖 AI 工具，而是要将 AI 模型与实践相结合，以实践为主。

总而言之，AI 模型多种多样，大家需要选择性使用，熟练使用各个大模型有助于更好地抓住 AI 发展机遇，并在实际工作中灵活运用这些工具。

"AI 魔术"背后的原则：内容质量决定价值

尽管 AI 能够快速生成大量文案，但内容质量始终是核心竞争力。

AI技术也具有一些局限性，以下是AI风格定制框架（图3-6）：

（1）前期需要经过大量的数据处理。

（2）需要构建知识图谱。

（3）需要与业务知识进行融合。

（4）避免信息茧房效应。

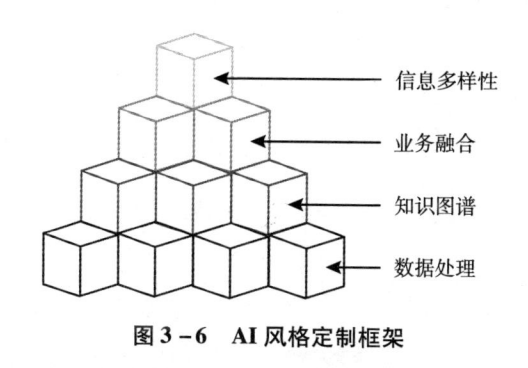

图3-6　AI风格定制框架

最后，还需要考虑伦理与效益：

（1）尊重用户：拒绝过度营销和信息轰炸。

（2）真实可信：确保AI生成的内容客观、准确，避免虚假宣传。

（3）伦理审核：避免歧视性内容损害品牌形象，并保证所要宣传的内容符合道德规范，不违背客观事实。

（4）明确自身的品牌理念：不要盲目跟风，需要与专业的团队进行商议，降低风险。

AI与品牌：协同进化，生生不息

AI正在重塑营销格局，赋予品牌无限生机。只有既拥抱技术，又坚守匠心，才能让品牌在 AI 时代历久弥新、深入人心！

AI 的出现并不是要取代我们，而是为了更好地为用户提供服务，只有与 AI 相辅相成，才能在 AI 时代与时俱进。

请始终铭记，AI 只是工具，创意的火花，永远源自人类智慧的碰撞。将 AI 应用到企业中时，一定要遵循企业的发展规律。

在以后的运营中，将 AI 放在辅助地位。

… AI 智能传播：
让信息高效触达

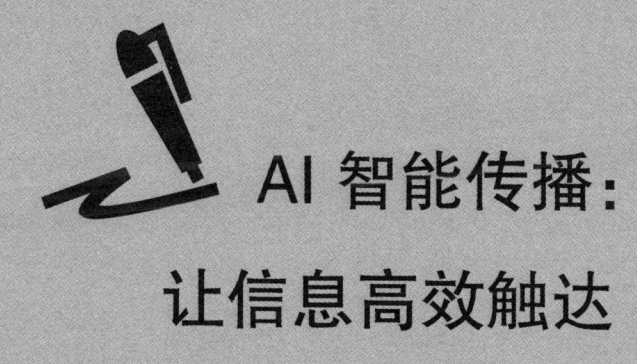

精准广告投放：AI的"精准狙击"，让你的广告费物超所值

信息爆炸时代，广告无处不在，用户注意力却日益分散。传统广告投放如同"广撒网"，效率低下、成本高昂、效果难以保证。你是否也曾遇到广告费居高不下，转化率却低迷？目标用户难以捉摸？广告效果难以衡量？

别担心！AI精准广告投放，如同为你的广告装上"制导系统"，让每一分预算都精准命中目标，实现营销效果的最大化！它不再是漫无目的地"扫射"，而是有的放矢地"狙击"，让你的广告费物超所值（图4-1）。

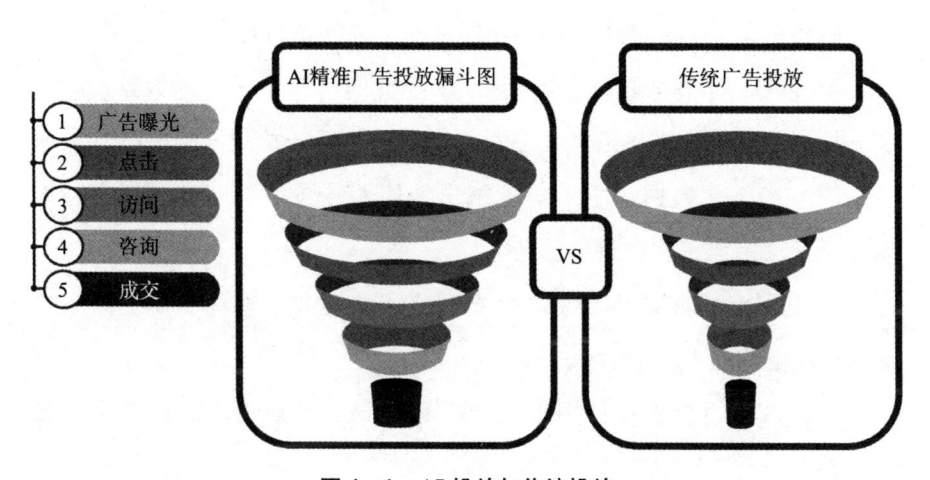

图4-1　AI投放与传统投放

本节，我们将深入探讨AI如何重塑广告投放模式，告别盲投，实

现精准触达，让广告费不再"打水漂"！

AI 精准广告投放的"核心武器"：数据与算法

AI 精准广告投放的核心在于数据和算法，它们如同"情报"和"作战方案"，决定了广告投放的成败。

1. 数据：AI 的"情报来源"

AI 广告投放依赖多维度的数据，这些数据如同"情报"，为 AI 提供决策的依据。

（1）用户画像数据：用于描绘用户基本特征，如年龄、性别、地域、职业、收入、兴趣爱好、生活方式等。

AI 应用：某电商平台利用 AI 分析用户画像数据，将高端护肤品广告精准投放给 25~35 岁、一线城市、高收入的女性用户。

（2）用于用户行为数据：记录用户行为轨迹，如浏览历史、搜索记录、购买记录、App 使用、社交媒体互动、视频观看记录等。

AI 应用：某在线教育平台利用 AI 分析用户的学习行为数据，将数据分析课程的广告推送给经常搜索"Python 编程"关键词的用户。

（3）上下文数据：用于描述用户的使用场景，如时间、地点、设备、天气、用户正在进行的活动等。

AI 应用：某旅游平台利用 AI 分析上下文数据，在周五晚上集中投放周边游的广告。

（4）广告投放数据：用于反映广告效果，如点击率、转化率、成本、曝光量、互动率等。

AI 应用：某品牌利用 AI 分析广告投放数据，对广告文案和图片进行优化，提升点击率，见图 4-2、图 4-3。

AI广告投放所需数据

用户画像数据
- 年龄
- 性别
- 地域
- 职业
- 收入
- 兴趣爱好
- 生活方式

用户行为数据
- 浏览历史
- 搜索记录
- 购买记录
- App使用
- 社交媒体互动
- 视频观看记录

广告投放数据
- 点击率
- 转化率
- 成本
- 曝光量
- 互动率

上下文数据
- 时间
- 地点
- 设备
- 天气
- 用户正在进行的活动

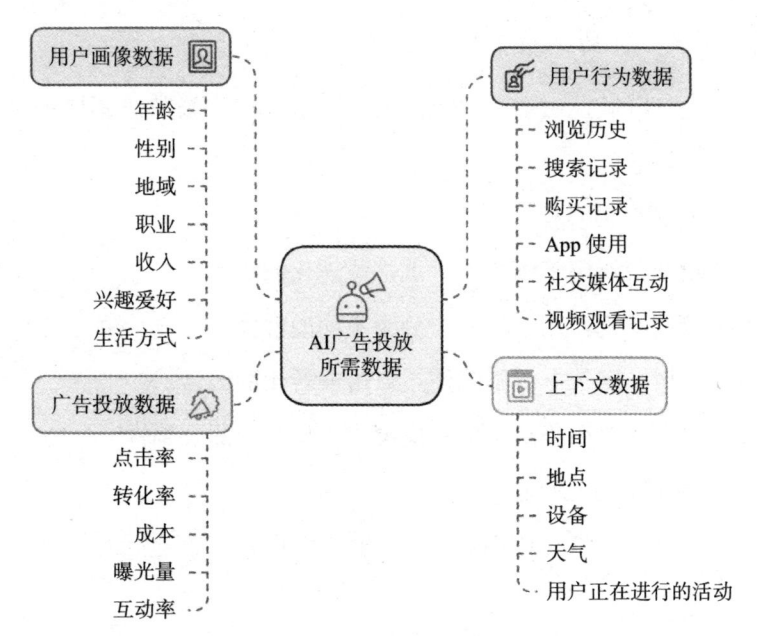

图 4-2　AI 广告投放所需数据类型

广告投放数据
AI优化内容以提高广告表现

用户画像数据
AI分析用户特征以精准投放广告

上下文数据
AI利用场景数据优化广告时机

用户行为数据
AI跟踪学习行为以定向广告

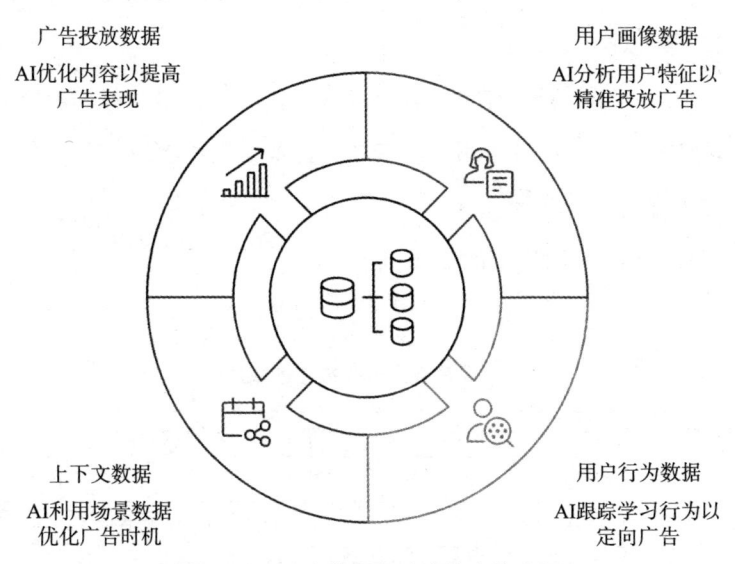

图 4-3　AI 在数据驱动广告中的应用

081

2. 算法：AI 的"狙击引擎"

算法是 AI 的"大脑"，驱动 AI 进行精准广告投放。不同的算法适用于不同的场景。

（1）机器学习算法：

①逻辑回归：用于预测用户点击或转化的概率。

②支持向量机：用于将用户分为不同的群体。

③决策树：用于分析影响用户点击或转化的因素。

④随机森林：用于结合多个决策树，提高预测准确性。

（2）深度学习算法：

①深度神经网络（DNN）：用于学习用户和广告之间复杂的非线性关系。

②循环神经网络（RNN）：用于处理序列数据，如浏览历史。

③卷积神经网络（CNN）：用于处理图像和视频数据。

（3）强化学习算法：

①Q - learning：通过学习不同广告投放策略的回报，找到最佳策略。

②SARSA：在 Q - learning 的基础上，考虑当前状态下采取的行动对未来状态的影响。

AI 算法在广告投放中的应用见表 4 - 1。

表 4 - 1　　　　　　　　AI 算法在广告投放中的应用

算法类型	算法名称	应用场景
机器学习算法	逻辑回归	预测用户点击或转化的概率
机器学习算法	支持向量机	将用户分为不同的群体，进行定向投放
机器学习算法	决策树	分析影响用户点击或转化的因素，制定投放策略

续表

算法类型	算法名称	应用场景
机器学习算法	随机森林	结合多个决策树的预测结果,提高预测准确性
深度学习算法	深度神经网络	学习用户和广告之间复杂的非线性关系,进行精准投放
深度学习算法	循环神经网络	处理用户行为序列数据,预测用户未来行为,进行广告投放
深度学习算法	卷积神经网络	分析广告创意中的图像和视频元素,根据用户偏好进行广告投放
强化学习算法	Q-learning	通过学习不同广告投放策略的回报,找到最佳策略
强化学习算法	SARSA	在Q-learning基础上,考虑当前状态下采取的行动对未来状态的影响

AI精准广告投放流程:如何让广告"弹无虚发"

AI精准广告投放,需要制订周密的计划并执行(图4-4)。

(1)明确目标:确定广告投放的目标,如提升品牌知名度、促进产品销售、获取用户注册等。

(2)数据准备:收集和整合多维度数据,如用户画像数据、用户行为数据、上下文数据、广告投放数据等。

(3)用户细分:利用AI算法将用户划分为不同的群体,实现精细化定向。

(4)创意生成:利用AI生成个性化的广告创意,如文案、图片、视频等。

(5)智能投放:利用AI算法进行智能出价、自动优化投放策略,实现精准触达。

(6)效果监控和优化:利用AI实时监控广告投放效果,并进行多维度分析，为优化投放策略提供依据。

（7）持续优化：根据 AI 分析结果不断调整广告投放策略，实现持续优化。

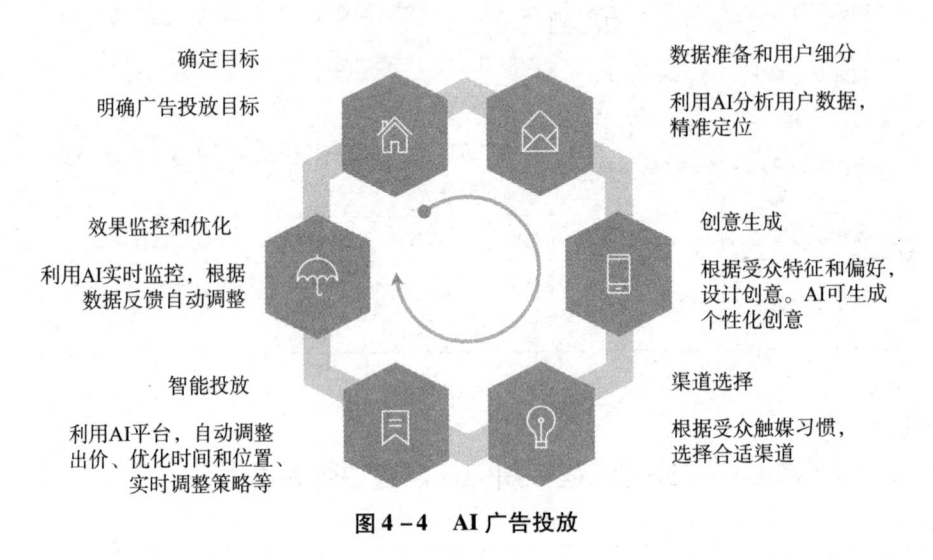

确定目标
明确广告投放目标

数据准备和用户细分
利用AI分析用户数据，精准定位

效果监控和优化
利用AI实时监控，根据数据反馈自动调整

创意生成
根据受众特征和偏好，设计创意。AI可生成个性化创意

智能投放
利用AI平台，自动调整出价、优化时间和位置、实时调整策略等

渠道选择
根据受众触媒习惯，选择合适渠道

图 4-4　AI 广告投放

AI 精准广告投放的优势：效率与效果的"双引擎"

AI 精准广告投放的优势：

（1）提高转化率：体现为精准用户定向和个性化创意。

（2）降低成本：避免将广告展示给不感兴趣的用户。

（3）提升效率：AI 自动化投放任务。

（4）实时优化：AI 实时监控效果并调整。

AI 精准广告投放的未来：更智能，更"懂你"

AI 精准广告投放的未来，充满无限可能：

（1）更精准的定向：AI 将更精准定位用户，如根据用户的情感、动机、生活方式等。

（2）更个性化的创意：AI 将根据用户兴趣，生成更个性化的创意。

（3）更自动化的投放：AI 将自动化完成整个投放流程。

（4）更多模态的广告：AI 将更好地理解和生成多模态内容，如文本、图像、视频、音频等。

（5）更注重隐私保护：AI 将在保护用户隐私的前提下，进行精准的广告投放。

AI 精准广告投放，让广告不再是"大海捞针"，而是"精准狙击"。其以数据为基础，以算法为驱动，实现了广告投放的精准化、个性化和自动化，为营销带来了革命性的变革。拥抱 AI，能够让你的广告费物超所值，实现营销效果的最大化！

AI 营销工具推荐

• 巨量引擎：字节跳动旗下的营销服务品牌，整合了今日头条、抖音、西瓜视频等产品的营销能力。

• 腾讯广告：整合了腾讯旗下包括微信、QQ、腾讯新闻、腾讯视频等平台的广告资源。

• 百度营销：依托百度搜索、信息流、百家号等产品矩阵，提供 AI 驱动的营销解决方案。

在下一节中，我们将探讨 AI 如何赋能社交媒体运营，让你在社交媒体的浪潮中"乘风破浪"，实现品牌和销量的双重增长。

社交媒体高效运营：AI赋能，让你的品牌在社交媒体"C位出道"

上一节中，我们见证了AI如何化身"神枪手"，通过精准广告投放，让每一分营销预算都花在刀刃上。如果说精准广告投放是"点射"，那么社交媒体运营就是"持续火力输出"，通过长期、深入的互动，与用户建立情感连接，打造品牌忠诚度。然而，在信息爆炸的社交媒体海洋中，如何让你的品牌脱颖而出，成为用户关注的焦点？

传统的社交媒体运营，如同"手工作坊"，内容创作、发布、互动往往依赖人工，效率低下，难以应对海量信息和用户需求。你是否也曾遭遇内容创作耗时费力，粉丝互动寥寥无几，热点追踪总是慢半拍，运营数据难以分析？

别担心！AI赋能社交媒体运营，如同为你打造一支"超级战队"，帮你聚拢人气，制造话题，引爆品牌声量，最终C位出道，闪耀全场！AI赋能与传统社交媒体运营对比见表4-2。

本节，我们将重点探讨如何利用AI进行社交媒体的"精耕细作"，实现用户增长、品牌曝光、价值转化，最终实现营销目标。

表4-2　　　　　AI赋能与传统社交媒体运营对比

痛点	传统社交媒体运营	AI赋能的社交媒体运营
内容创作	依赖人工，耗时费力，创意易枯竭	AI辅助内容生成，快速产出高质量、个性化内容，激发创意
粉丝互动	人工回复，效率低，难以覆盖所有用户	AI智能客服，7×24小时在线，个性化互动，提升用户体验
热点追踪	依赖人工，信息滞后，易错失良机	AI实时监控，快速捕捉热点，分析话题热度、用户情绪，为营销提供决策支持
数据分析与效果评估	数据分散，人工分析效率低，难以评估效果	AI自动收集、分析数据，生成可视化报告，评估运营效果，优化策略
账号管理	多平台账号管理烦琐，容易出错	AI统一管理多平台账号，自动发布、同步内容，提高运营效率

AI社交媒体运营：三大引擎，驱动增长

AI赋能社交媒体运营，并非简单的工具堆砌，而是对运营理念、流程和策略的全面升级。AI的核心价值在于数据驱动、智能洞察、自动化执行，为社交媒体运营带来质的飞跃。

1. 引擎一："内容引擎"——AI实现流量井喷

流量是社交媒体的生命线。AI助力内容营销、广告投放、社交媒体运营，引爆品牌流量池（图4-5）！

（1）AI内容营销。

①AI内容生成：AI可以根据需求，快速生成文案、图片、视频等。

a. 文案：AI可以根据关键词、主题，自动生成不同风格、长度的文案。

b. 图片：AI可以根据描述，自动生成图片。

c. 视频：AI可以根据素材，自动生成短视频。

```
                              ┌─ AI内容生成
                ┌─ AI内容营销 ─┤
                │              └─ 个性化内容推荐
                │
                │              ┌─ 精准定向
AI实现流量井喷 ─┼─ AI广告投放 ─┤
                │              └─ 效果优化
                │
                │              ┌─ 内容排期与发布
                └─ AI辅助运营 ─┼─ 评论管理
                               └─ 私信互动
```

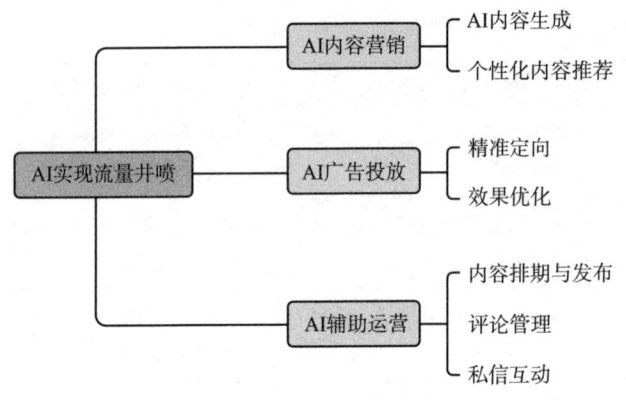

图4-5　AI实现流量井喷

②个性化内容推荐：AI可以通过分析用户行为数据，预测兴趣，并进行个性化推荐（图4-6）。

用户数据分析　内容策略制定　AI内容生成　内容发布与推广　效果评估与优化

图4-6　AI驱动的内容营销流程

（2）AI广告投放。

①精准定向：AI可以根据用户画像和行为数据，进行精准用户定向。

②效果优化：AI可以根据广告效果，动态调整广告投放策略。

（3）AI辅助运营。

①内容排期与发布：AI可以根据用户活跃时间、平台特性等，智能安排内容发布时间，实现定时发布、多平台同步。

②评论管理：AI可以自动识别和回复评论，过滤垃圾信息，维护评论区秩序。

③私信互动：AI可以自动回复私信，解答常见问题，提供个性化服务。

2. 引擎二："用户引擎"——AI读懂用户心理

用户是社交媒体运营的核心。只有了解用户才能服务用户，最终赢得用户。表4-3 AI读懂用户心理。

表4-3　　　　　　　　　　AI读懂用户心理

分析维度	数据来源	AI应用	价值
用户画像	基本信息、社交关系、兴趣标签等	精准定位目标用户，制定个性化营销策略	提升营销精准度，降低获客成本
行为分析	点赞、评论、转发、分享、关注、搜索等	洞察用户兴趣偏好，优化内容策略，提升互动率	优化内容策略，提高用户参与度
情感分析	评论、私信、@提及等内容的情感倾向	了解用户对品牌和产品的评价，及时发现负面情绪，改进产品和服务	提升品牌声誉，改善用户体验
社群分析	用户所属社群、社群活跃度、影响力等	识别关键意见领袖，分析社群传播规律，制定社群营销策略	提升社群活跃度，扩大品牌影响力

3. 引擎三："效率引擎"——AI让你事半功倍

AI赋能社交媒体运营，可以实现精细化、个性化和智能化，提高运营效率：

（1）AI自动化运营：利用AI自动执行定时发布、评论回复、粉丝筛选等。

（2）AI数据分析：利用AI分析粉丝增长、互动情况、内容传播等数据。

（3）AI效果评估：利用AI评估不同渠道转化率、内容传播效果、广告投放效果等。

AI赋能：打造高效社交媒体运营团队

AI赋能社交媒体运营，需要构建与之匹配的团队和流程。

（1）团队角色。

①内容策略师：负责制定社交媒体内容策略，利用AI工具进行内容规划和优化。

②数据分析师：负责分析社交媒体数据，洞察用户行为，评估运营效果。

③AI工具运营：能够熟练使用各种AI工具，并将其应用到社交媒体运营中。

④社群运营：负责维护社群关系，与用户互动，提升用户活跃度和忠诚度（表4-4）。

表4-4　　　　　　　　团队角色及其职责

角色	职责	必备技能
内容策略师	制定社交媒体内容策略，规划内容主题、形式、发布节奏等；利用AI工具进行内容优化和效果评估	内容策划能力、文案撰写能力、数据分析能力、AI工具应用能力
数据分析师	收集、整理、分析社交媒体数据，洞察用户行为，评估运营效果，为内容策略和运营决策提供数据支持	数据分析能力、统计学知识、数据可视化能力、AI工具应用能力
AI工具运营	熟练使用各种AI工具，如内容生成工具、数据分析工具、社交媒体管理工具等，并将AI技术应用到社交媒体运营的各个环节	AI工具操作能力、技术理解能力、学习能力、问题解决能力
社群运营	维护社群关系，与用户进行互动，策划社群活动，提升用户活跃度和忠诚度	沟通能力、活动策划能力、用户心理洞察能力、数据分析能力

（2）协作流程。

①建立统一的内容管理平台：便于团队成员共享素材、协同创作、统一发布。

②制定明确的工作流程：明确每个团队成员的职责和任务，确保工作有序进行。

③定期进行数据复盘：分析运营数据，总结经验教训，不断优化运营策略。

（3）持续学习。

①关注行业动态：及时了解最新的 AI 技术和社交媒体趋势。

②参加培训课程：学习 AI 营销工具的使用方法和技巧。

③鼓励团队成员分享经验：促进团队成员之间的学习和交流。

AI 社交媒体运营的未来展望：更智能，更"懂你"

AI 社交媒体运营的未来，将更加智能、个性化、自动化：

（1）更精准的用户洞察：AI 将能够更深入地了解用户行为和偏好。

（2）更个性化的互动：AI 将能够根据用户的个性化需求和行为，进行更加个性化的互动。

（3）更自动化的运营：AI 将能够自动化执行更多的运营任务。

（4）更全面的数据分析：AI 能够整合来自不同平台的数据。

（5）更注重用户隐私保护：AI 将在保护用户隐私的前提下，进行更加智能的社交媒体运营。

AI 赋能社交媒体运营，让品牌在社交媒体上"C 位出道"，实现用户增长、品牌曝光、价值转化。AI 的三大引擎——内容引擎、用户引擎、效率引擎，协同驱动，让你的社交媒体运营如虎添翼！但请记住，AI 只是工具，创意和真诚永远是连接品牌和用户的基石。

在下一节中，我们将探讨如何利用 AI 进行个性化内容推送，让你的内容不再被"忽略"，而是精准触达每一个用户的内心，实现营销效果的最大化。

个性化内容推送：AI的"私人定制"，让你的内容不再被"忽略"

在前两节中，我们分别探讨了 AI 如何赋能精准广告投放和社交媒体运营，实现了"广"和"深"两个维度的信息触达。本节，我们将更进一步聚焦于"精"，探讨如何利用 AI 实现个性化内容推送，让你的信息不仅能触达用户，更能触动用户，实现从"广而告之"到"精准沟通"的转变。

传统内容推送如同"大海捞针"，往往采用"一刀切"的方式，向所有用户推送相同的内容，难以满足用户个性化的需求。你是否也曾面临以下困境：

（1）内容推送转化率低：用户对千篇一律的内容不感兴趣，点击率、转化率低。

（2）用户参与度低：用户对推送内容缺乏兴趣，不愿意点赞、评论、分享。

（3）用户体验差：用户被大量无关信息干扰，容易产生反感，甚至取消关注。

（4）资源浪费：内容推送缺乏精准性，导致营销资源浪费。

别担心！AI个性化内容推送，如同为你的每一位用户配备一位"专属内容管家"，能够根据用户的兴趣、偏好、行为等，精准推送用户感兴趣的内容，让你的内容不再被"忽略"，而是成为用户眼中的"香饽饽"（表4-5）！

表4-5　　　　　　　　传统内容与AI个性化对比

对比项	传统内容推送	AI个性化内容推送
内容	千篇一律，同质化	千人千面，个性化定制
触达	广撒网，效率低，易被忽略	精准匹配，有效触达
用户体验	信息过载，体验差	定制化内容，体验佳
转化率	低	高
数据驱动	缺乏数据支持	数据驱动，持续优化
推荐机制	基于热门、新品等简单规则	基于用户画像、行为数据、内容特征等多维度信息的智能推荐
场景适应性	难以适应用户场景变化	能够根据用户所处时间、地点、设备等场景进行动态调整

本节，我们将深入探讨AI如何赋能个性化内容推送，让你掌握"千人千面"的营销秘诀，实现用户参与度、转化率、品牌忠诚度的全面提升！

AI个性化内容推送：精准匹配，高效触达

AI个性化内容推送并非简单的"猜你喜欢"，而是基于用户洞察的深度互动。其以用户为中心，以数据为驱动，以智能推荐为手段，实现

内容与用户的精准匹配，打造千人千面的个性化体验。

AI 如何实现个性化内容推送？

（1）数据收集与处理：AI 能够系统收集用户的多维度数据，包括用户的基本信息、行为数据、社交数据、内容数据等，并对数据进行清洗、去重、整合等预处理操作。

（2）用户画像构建：AI 能够利用机器学习算法，对用户数据进行深度分析，构建精准的用户画像，描绘用户的兴趣、偏好、需求等特征。

（3）内容特征提取：AI 能够分析内容的特征，如文本内容的关键词、主题、情感倾向等，图片内容的色彩、风格、物体等，视频内容的时长、类型、标签等。

（4）推荐算法匹配：AI 能够利用各种推荐算法，将用户画像与内容特征进行匹配，计算用户对不同内容的喜好程度，并生成个性化推荐列表。

（5）多渠道内容分发：AI 能够将个性化内容通过邮件、短信、App 推送、网站弹窗、微信公众号等多个渠道，精准地分发给用户。

（6）效果反馈与优化：AI 能够实时监控用户的点击、浏览、购买等行为，评估推荐效果，并根据用户反馈不断优化推荐算法和策略。

AI 个性化内容推送流程如图 4-7 所示。

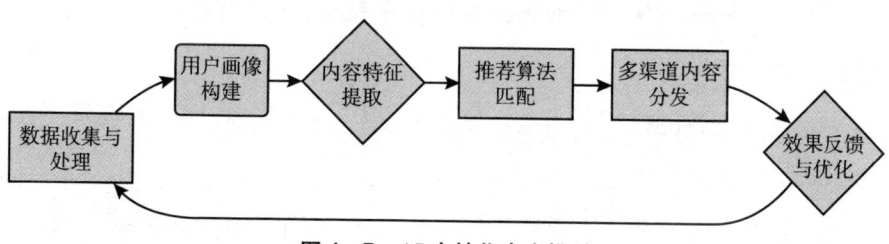

图 4-7 AI 个性化内容推送

AI 个性化内容推送的"核心引擎"：算法与模型

AI 个性化内容推送的"魔力"，来自强大的算法和模型。

1. 推荐算法：AI 的"读心术"

推荐算法是 AI 个性化内容推送的核心，决定了推荐内容的精准度和相关性，常用推荐算法如下：

（1）协同过滤算法（collaborative filtering）。

①原理：基于用户行为的相似性进行推荐。

②类型：

a. 基于用户的协同过滤（user-based CF）：找到与你相似的用户，查看他们的喜好。

b. 基于物品的协同过滤（item-based CF）：通过查看你的喜好找到与它相似的物品。

（2）内容推荐算法（content-based recommendation）。

①原理：根据内容本身的特征进行推荐。

②应用：

a. 基于文本的推荐：通过自然语言处理技术，分析文本内容的语义、主题、关键词等。

b. 基于图像的推荐：通过计算机视觉技术，分析图片内容的风格、色彩、物体等。

c. 基于视频的推荐：通过视频分析技术，提取视频内容的场景、人物、动作、音频等信息。

（3）基于知识的推荐算法（knowledge-based recommendation）。

原理：利用专家知识和领域知识进行推荐。

（4）混合推荐算法（hybrid recommendation）。

原理：结合多种推荐算法的优点，实现更优的推荐效果（表4-6）。

表4-6 算法类型

算法类型	核心思想	适用场景
协同过滤	基于用户或物品的相似性进行推荐	电商平台商品推荐、内容平台文章/视频推荐、社交平台好友推荐等
内容推荐	基于内容特征进行推荐	新闻推荐、博客文章推荐、电影/音乐推荐等
基于知识推荐	利用专家知识和领域知识进行推荐	专业领域的产品推荐，如医疗器械、金融产品等
混合推荐	结合多种推荐算法的优点，实现更优的推荐效果	综合性平台，如大型电商平台、综合性内容平台等，需要兼顾推荐的准确性、多样性和新颖性

2. AI模型进阶：超越传统的推荐算法

除了上述的传统推荐算法，AI还引入了更多先进的模型，进一步提升推荐效果：

• 矩阵分解（matrix factorization）：将用户-物品评分矩阵分解为两个低维矩阵，分别代表用户和物品的隐向量，通过计算用户和物品隐向量的内积来预测用户对物品的评分。

• 因子分解机（factorization machines，FM）：在矩阵分解的基础上，引入了特征之间的交互作用，能够更好地处理稀疏数据和冷启动问题。

• 深宽模型（deep & wide）：结合了宽度模型（wide）和深度神经网络（DNN）的优点，能够同时学习用户的浅层特征和深层特征，提高推荐的准确性和多样性（表4-7）。

表4-7　　　　　　　　　　　　AI模型进阶

模型	核心思想	优点	缺点
矩阵分解	将用户—物品评分矩阵分解为两个低维矩阵，分别代表用户和物品的隐向量	能够有效处理稀疏数据，发现用户和物品的潜在特征	难以处理冷启动问题，可解释性较差
因子分解机	在矩阵分解的基础上，引入了特征之间的交互作用	能够更好地处理稀疏数据和冷启动问题，提高推荐的准确性	模型复杂度较高，训练时间较长
深宽模型	结合了宽度模型和深度神经网络的优点，能够同时学习用户的浅层特征和深层特征	能够同时兼顾推荐的准确性和多样性，适用于大规模推荐系统	模型复杂度较高，需要大量数据进行训练

AI个性化内容推送的应用场景：让"投其所好"无处不在

AI个性化内容推送可以应用于各种营销场景，为用户提供更贴心、更智能的服务。

（1）电商平台。

①猜你喜欢：根据用户历史行为推荐相似商品。

②看了又看：推荐与用户当前浏览商品相似的商品。

③买了又买：推荐与用户已购商品相关的商品。

（2）内容平台。

①个性化新闻推荐：根据用户兴趣推荐相关新闻。

②个性化视频推荐：根据用户观看历史推荐相关视频。

③个性化音乐推荐：根据用户听歌历史推荐相关音乐。

（3）社交平台。

①好友推荐：根据用户社交关系推荐可能认识的人。

②群组推荐：根据用户兴趣推荐相关群组。

③话题推荐：根据用户关注和互动推荐热门话题。

（4）品牌官网。

①个性化首页：根据用户画像展示不同的首页内容。

②个性化产品推荐：根据用户浏览历史推荐相关产品。

③个性化活动推荐：根据用户参与历史推荐相关活动。

（5）邮件/短信/App 推送营销。

根据用户画像、行为数据和偏好设置，发送个性化的营销内容，提高用户打开率和点击率。

AI 个性化内容推送的优势：让你的内容"更有价值"

AI 个性化内容推送的优势在于它能够提高转化率、提升用户黏性、增强用户体验，并最终提升营销活动的 ROI。

（1）提高转化率：将用户最感兴趣的内容推送给他们，从而提高内容的点击率和转化率。

（2）提升用户黏性：让用户感受到品牌的"用心"，从而提升用户黏性和品牌忠诚度。

（3）增强用户体验：为用户提供更便捷、更贴心的服务，提升用户满意度。

（4）优化内容策略：分析用户对不同内容的反应，从而帮助你优化内容策略。

AI 个性化内容推送的未来：更智能，更"懂你"

AI 个性化内容推送的未来将更加智能、更加"懂你"、更加"贴

心",它能够实现以下功能:

(1) 更精准的推荐:AI 将能够更精准地预测用户的需求和兴趣,从而提供相关性更高的推荐内容。

(2) 更丰富的场景:AI 将能够根据不同的场景提供更符合场景的推荐内容。

(3) 更自然的交互:你将能够通过更自然的方式与 AI 进行交互,例如通过语音或图像来表达你的需求。

(4) 更智能的优化:AI 将能够自动优化推荐策略和算法,从而持续提升推荐效果。

(5) 更注重隐私保护:AI 将会在保护用户隐私的前提下,进行更加个性化的内容推送。

(6) 多模态融合:AI 将能够融合文本、图像、视频、音频等多种模态的信息,进行更全面的推荐。

(7) 实时动态推荐:AI 将能够根据用户的实时行为,动态调整推荐内容,实现真正的实时个性化。

AI 个性化内容推送,让营销从"千人一面"走向"千人千面",让你的内容不再被"忽略",而是精准触达每一个用户的内心。AI 不仅提升了营销效率,更提升了用户体验,让营销更有温度。

在下一节中,我们将探讨如何利用 AI 策划爆款活动,让你的活动"一炮而红",引爆全场,并能够吸引用户踊跃参与!

爆款活动策划：AI 的"点金圣手"，让你的活动"一炮而红"

前几节，我们探讨了 AI 如何助力精准广告投放、社交媒体运营和个性化内容推送，实现了信息的高效触达。本节，我们将进一步聚焦于营销活动的策划，看看 AI 如何化身"点金胜手"，让你的活动"一炮而红"，引爆全场！

传统营销活动策划往往依赖经验和直觉，如同"闭门造车"，难以预测效果。你是否也曾面临创意匮乏、用户参与度低、效果难以评估、成本高昂等困境？

别担心！AI 爆款活动策划，能够为你的活动强力赋能，全程数据驱动、智能优化，让你的活动从策划到执行，从推广到评估，有理有据、有的放矢，实现营销效果的最大化（表 4-8）！

表 4-8　　　　　　传统活动策划与 AI 策划对比

对比项	传统活动策划	AI 爆款活动策划
创意来源	依赖经验、直觉，易陷入思维定式	数据驱动，AI 辅助创意生成，提供多元化方案

续表

对比项	传统活动策划	AI 爆款活动策划
用户洞察	难以深入了解	AI 分析用户画像、行为，精准洞察
活动形式	单一、缺乏创新	AI 推荐多样化形式，结合热点和偏好
推广方式	传统渠道，覆盖面窄，精准度低	AI 精准投放，多渠道整合，高效传播
效果评估	难以准确评估，优化方向不明确	AI 实时监控数据，多维度评估，提供优化建议
成本控制	成本高昂，难以控制	AI 优化资源配置，降低成本，提高 ROI
风险控制	缺乏风险预警机制	AI 预测活动风险，提供应对策略

本节，我们将深入探讨 AI 如何赋能活动策划的各个环节，让你的活动从"默默无闻"到"一鸣惊人"，实现品牌声量和用户参与度的双重爆发！

AI 爆款活动策划：数据驱动，创意无限

AI 爆款活动策划，并非天马行空的想象，而是以数据为基础，以用户为中心，以创意为驱动，以技术为支撑的科学营销方法。

1. 数据：AI 的"情报中心"

AI 活动策划需要大量的数据作为支撑，这些数据如同"情报"，为 AI 提供决策依据。主要包括：

- 历史活动数据：包括活动参与人数、转化率、用户反馈、成本投入、效果评估等。通过对历史活动数据的分析，AI 能够总结出哪些活动元素更受用户欢迎，哪些环节存在不足，从而为新活动策划提供参考。
- 用户行为数据：包括用户兴趣爱好、浏览历史、购买记录、社交

媒体互动等。这些数据能帮助 AI 深入了解用户需求和偏好，为制订精准的活动方案提供有力支持。

● 市场趋势数据：包括行业热点话题、竞争对手活动、季节性因素、节假日因素等。掌握市场趋势数据，能让 AI 帮助策划者把握市场动态、了解竞争对手策略，进而制订出更具竞争力的活动方案。

● 外部数据：包括新闻资讯、社交媒体数据、行业报告、宏观经济数据等。这些外部数据可以帮助 AI 了解行业趋势、社会热点、用户情绪等，为活动策划提供更全面的信息支持，提高活动策划的前瞻性和针对性。

2. 算法：AI 的"创意引擎"

算法是 AI 的"引擎"，驱动着 AI 进行活动策划。

（1）机器学习算法。

①聚类分析：将用户划分为不同的群体，针对不同群体制订不同的活动方案。例如，根据用户的消费习惯、兴趣爱好等特征，将用户分为不同的聚类，为每个聚类设计专属的活动内容和推广方式，提高活动的精度度和效果。

②关联规则挖掘：用于发现用户行为之间的关联性，例如发现参与过 A 活动的用户也倾向于参与 B 活动。通过这种关联分析，策划者可以设计系列活动，引导用户参与更多相关活动，提高用户参与度和活动的连贯性。

（2）深度学习算法。

①循环神经网络：通过分析用户行为序列，预测用户未来的行为。比如，通过分析用户过去的浏览、购买行为序列，预测用户是否会参与某个活动，以及参与活动后的购买意向等，为活动策划和推广提供

依据。

②卷积神经网络：通过分析活动相关的图片和视频，提取特征，用于活动创意生成。例如，根据用户喜欢的图片风格，生成具有吸引力的活动海报；或者根据用户对视频内容的偏好，制作活动宣传视频，提升活动的视觉吸引力。

（3）自然语言处理。

①文本分析：分析用户反馈、社交媒体评论等，了解用户对活动的评价和建议。例如通过对大量文本数据的分析，挖掘用户的真实想法和需求，为活动优化提供方向。

②情感分析：分析用户反馈中的情感倾向。例如判断用户对活动的态度是积极、消极还是中性，及时发现活动中存在的问题，采取相应措施进行改进。

AI 爆款活动策划流程：让你的活动"一鸣惊人"

AI 爆款活动策划，需要遵循以下步骤（图 4-8）：

（1）明确目标：确定活动目标，如提升品牌知名度、增加销量、提升用户黏性等。明确的活动目标是活动策划的方向，后续的策划和执行都需围绕目标展开。

（2）数据收集与分析：利用 AI 收集和分析各种数据。全面收集历史活动数据、用户行为数据、市场趋势数据以及外部数据等，并运用 AI 强大的数据分析能力，挖掘数据背后的价值，为后续环节提供数据支持。

（3）创意方案生成：利用 AI 生成创意方案，如活动主题、形式、互动机制、奖品、推广策略等。

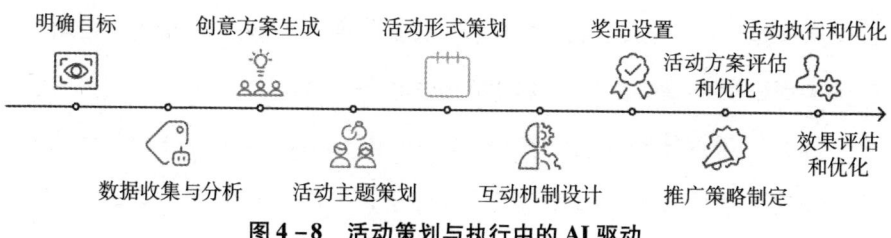

图 4-8 活动策划与执行中的 AI 驱动

①活动主题策划：AI 可以通过分析当前热点话题、用户兴趣、品牌调性等，生成多个活动主题供选择。例如，结合当下热门的环保话题和品牌的可持续发展理念，生成具有吸引力的活动主题。

②活动形式策划：AI 可以根据活动目标、目标用户、预算等，推荐合适的活动形式，如线上抽奖、互动游戏、线下体验等。如果活动目标是吸引年轻用户群体，那么 AI 可能会推荐互动性强的线上游戏活动形式。

③互动机制设计：AI 可以通过分析用户行为，设计更具吸引力的互动机制，提高用户参与度。比如，设计用户分享活动内容可获得额外奖励的互动机制，鼓励用户自发传播活动。

④奖品设置：AI 可以根据用户画像和活动预算，推荐合适的奖品，提高活动吸引力。例如针对不同用户群体的喜好，推荐符合其兴趣的奖品，如为游戏爱好者推荐游戏周边产品。

⑤推广策略制定：AI 可以分析不同渠道的推广效果，制定更精准的推广策略。例如，根据用户在不同社交媒体平台的活跃程度，选择最合适的推广渠道和时间，提高推广效果。

（4）活动方案评估和优化：利用 AI 评估不同方案的效果、成本、风险等，选择最优方案。通过模拟不同方案的执行效果，评估其成本效益和潜在风险，确保活动方案的可行性和有效性。

（5）活动执行和推广：利用 AI 进行活动推广，如广告精准投放、社交媒体推广、个性化内容推送等。根据前期制定的推广策略，运用 AI 技术实现精准投放，提高活动的曝光度和参与度。

（6）效果评估和优化：利用 AI 实时监控活动效果，并根据数据反馈，优化策略和执行。在活动进行过程中，实时收集和分析数据，如参与人数、互动量、转化率等，根据数据反馈及时调整活动策略，优化活动执行。

AI 爆款活动的应用场景：创意落地，引爆全场

AI 爆款活动策划可以应用到各种营销场景中：

（1）新品发布会：通过 AI 分析用户画像，精准邀请目标用户，生成个性化邀请函、海报等；利用 AI 进行活动现场互动，如 AI 签到、AI 抽奖、AI 合影等；通过精准邀请和个性化物料，提高活动参与度；利用 AI 现场互动，提升活动的趣味性和科技感，有效提升新品曝光度，促进新品销售。

（2）节日促销活动：通过 AI 分析用户购买行为，预测需求，结合节日特点，策划个性化促销，利用 AI 进行活动预热、推广、效果评估等。通过个性化促销方案和精准推广，提高活动转化率、提升销售额、增强用户黏性。

（3）线上互动活动：通过 AI 开发互动游戏、抽奖、问答等，提高用户参与度和活跃度，利用 AI 进行活动数据分析，优化活动方案。通过有趣的互动活动吸引用户参与，再根据数据分析不断优化活动，增强

品牌互动性。

（4）线下体验活动：通过 AI 分析用户数据，精准定位目标用户，进行活动宣传和推广，利用 AI 进行活动现场管理，如人流统计、互动引导等。以精准的宣传推广吸引目标用户参与，基于 AI 现场管理提升活动体验，促进产品体验和销售。

（5）内容营销活动：通过 AI 生成个性化内容，如文章、短视频、直播脚本等，提高内容吸引力，利用 AI 进行内容分发和传播效果评估。以个性化内容吸引用户关注，根据传播效果评估优化内容分发策略，提升传播效果，增强用户互动。

（6）社群营销活动：通过 AI 辅助社群管理，进行用户互动、话题引导、活动组织等，利用 AI 分析社群数据，优化社群运营策略。通过 AI 辅助社群管理，提升社群活跃度、增强社群凝聚力，促进社群转化。

（7）UGC（用户生成内容）活动：通过 AI 识别、筛选、推荐优质 UGC 内容，提升活动质量，利用 AI 分析 UGC 内容，了解用户对活动的反馈和建议。通过 AI 筛选优质内容，提升活动质量和影响力，同时根据用户反馈优化活动（表 4-9）。

表 4-9　　　　　　　　　　AI 活动应用场景

场景	AI 应用	预期效果
新品发布	用户画像分析、精准邀请、个性化物料生成、现场互动、效果评估	提高活动参与度、提升新品曝光度、促进新品销售
节日促销	用户购买行为分析，需求预测，个性化促销方案策划，活动预热、推广、效果评估	提高活动转化率、提升销售额、增强用户黏性
线上互动	AI 开发互动游戏、抽奖、问答，智能客服，活动数据分析	提高用户参与度、提升用户活跃度、增强品牌互动性

续表

场景	AI 应用	预期效果
线下体验	用户数据分析、精准定位、活动宣传推广、现场管理、效果评估	吸引目标用户参与、提升活动影响力、促进产品体验和销售
内容营销	个性化内容生成、内容分发优化、传播效果评估	提高内容吸引力、提升传播效果、增强用户互动
社群营销	社群管理、用户互动、话题引导、活动组织、效果评估	提升社群活跃度、增强社群凝聚力、促进社群转化
UGC 活动	AI 识别、筛选、推荐优质 UGC 内容、活动效果评估	提升活动质量、扩大活动影响力、增强用户参与感

AI 爆款活动策划的未来：更加智能，更加"懂你"

（1）更精准的预测：AI 将能够更精准地预测活动效果。通过不断优化算法和更全面地分析数据，AI 可以更准确地预估活动的参与人数、转化率、销售额等关键指标，为活动策划提供更可靠的参考。

（2）更智能的推荐：AI 将能够根据你的需求和目标，推荐更合适的活动方案。AI 不仅能生成多样化的方案，还能根据用户的特定需求和活动目标，快速筛选出最匹配的方案，节省策划时间和精力。

（3）更自动化的执行：AI 将能够自动化执行更多的活动任务。从活动推广到用户管理，从数据收集到分析报告生成，更多的执行环节将实现自动化，提高活动执行效率和准确性。

（4）更个性化的体验：AI 将能够根据用户的兴趣和偏好，为用户提供更加个性化的活动体验。无论是活动内容、互动方式还是奖品设置，都能根据每个用户的特点进行定制，增强用户对活动的参与感和满意度。

（5）虚实结合的活动：AI 将能够结合虚拟现实（VR）和增强现实（AR）技术，打造更具沉浸感和互动性的活动体验。让用户在虚拟与现实的融合中，更深入地参与活动，提升活动的吸引力和影响力。

AI 爆款活动策划，让你的活动不再是"闭门造车"，而是"数据驱动、创意无限"。AI 的"点金胜手"，能够帮助你打造更具吸引力、更具影响力的营销活动，实现品牌声量和用户参与度的双重爆发！

AI 不是万能的，创意和真诚才是连接品牌和用户的基石。在 AI 的助力下，让我们一起打造更多走心、有趣、有效的营销活动，让品牌在用户心中留下深刻的印记！

在接下来的章节中，我们将一同探索 AI 如何赋能销售力，让销售团队更高效，销售业绩更上一层楼！

AI 销售力：
让客户主动买单

AI销售线索挖掘：掘金大数据，让潜在客户主动上门

在前几章中，我们探讨了 AI 如何赋能内容创作、智能传播，让品牌信息更精准、高效地触达用户。本章，让我们目光聚焦于营销的最终目标——销售，看看 AI 如何化身"吸金石"，挖掘优质销售线索，让潜在客户主动找上门，实现销售业绩快速增长。

传统销售线索挖掘如同"大海捞针"，效率低下、成本高昂。你是否也曾面临以下困境：

（1）线索数量少，质量差：投入大量人力物力，获得的销售线索却寥寥无几，质量参差不齐。

（2）线索转化率低：销售人员花费大量时间跟进线索，但最终成交的却很少。

（3）线索获取渠道单一：依赖传统渠道，如展会、电话营销等，难以覆盖更多潜在客户。

（4）线索管理混乱：线索信息分散，难以统一管理和跟进，容易造成资源浪费。

别担心！AI 销售线索挖掘，如同为你的销售团队配备了"火眼金

睛",能够从海量数据中精准识别潜在客户,让优质线索主动"浮出水面",实现销售业绩的"弯道超车"(表5-1)!

表5-1　　　　　　传统与 AI 销售线索挖掘对比

对比项	传统销售线索挖掘	AI 销售线索挖掘
线索获取	依赖人工、展会、电话营销等,效率低、成本高、覆盖面窄	AI 自动从海量数据中挖掘,效率高、成本低、覆盖面广
线索质量	质量参差不齐,难以识别高价值线索	AI 通过数据分析,识别高价值线索,提高线索质量
线索转化率	销售人员跟进效率低,转化率低	AI 辅助销售人员进行个性化跟进,提高转化率
线索管理	信息分散,难以统一管理和跟进	AI 统一管理线索,实现自动化跟进,避免遗漏
数据驱动	缺乏数据支持,决策依赖经验	数据驱动,决策更科学

本节,我们将深入探讨 AI 如何赋能销售线索挖掘,让你告别低效的"大海捞针",拥抱高效的"精准捕捞",让你的销售业绩"更上一层楼"!

AI 销售线索挖掘:大数据中"淘金"

AI 销售线索挖掘并非"玄学",而是基于大数据和智能技术的科学方法。其通过分析海量数据,识别潜在客户的特征和行为模式,从而实现精准的线索挖掘。

1. 数据:AI 销售线索挖掘的"金矿"

AI 销售线索挖掘需要多维度的数据,这些数据如同"金矿",蕴藏着丰富的客户信息。

（1）企业内部数据。

①CRM（客户关系管理）系统数据：包含客户基本信息、购买记录、沟通历史等。通过分析这些数据，能了解客户购买偏好和需求，为挖掘潜在客户提供参考。

②网站/App数据：包括用户浏览行为、搜索记录、注册信息、互动数据等。这些数据能反映用户对产品或服务的兴趣点和关注程度。

③销售数据：包括销售额、订单量、产品类型、客户来源等。这些数据可以帮助分析不同产品的销售情况以及客户的来源渠道，为拓展客户提供方向。

（2）公开数据。

①社交媒体数据：包括用户的公开信息、兴趣爱好、社交关系、发布内容等。通过这些数据能深入了解用户的生活习惯、兴趣偏好，从而精准定位潜在客户。

②新闻资讯：包括行业新闻、公司动态、市场活动等。从这些数据中可以获取行业趋势、竞争对手动态以及潜在客户的业务变化等信息。

③企业工商信息：包括企业注册信息、经营范围、财务状况等。对于B2B销售来说，这些信息有助于筛选潜在客户，了解其业务规模和发展状况。

④招聘网站信息：包括招聘的岗位、要求以及数量等。从招聘信息中可以推断企业的业务扩张方向和人才需求，进而发现潜在销售机会。

（3）第三方数据。

①数据服务商提供的数据：如行业数据、市场数据、用户画像数据等。这些专业的数据能弥补企业自身数据的不足，提供更全面的市场和

用户信息。

②合作伙伴共享的数据：如上下游企业、合作机构等提供的数据。通过共享数据，能获取更多与潜在客户相关的信息，拓展线索挖掘范围。

2. AI销售线索挖掘的"技术引擎"

AI销售线索挖掘不仅依赖于数据，还需要强大的技术引擎来驱动。除了前面章节重点介绍过的各种算法，以下技术也在其中扮演重要角色：

（1）数据爬取与清洗。

①网络爬虫：自动从网页、社交媒体、论坛等渠道抓取潜在客户信息。通过设定特定的规则和关键词，能够快速获取大量潜在客户的数据。

②数据清洗：对抓取的数据进行去重、纠错、格式转换等处理，确保数据质量。高质量的数据是后续分析和挖掘的基础，能避免因数据错误或重复导致的分析偏差。

（2）自然语言处理。

①文本分析：分析社交媒体评论、新闻资讯、招聘信息等文本数据，提取关键信息，如公司名称、联系方式、需求描述等。通过自然语言处理技术，能从大量非结构化文本中提取有价值的销售线索。

②情感分析：识别用户对品牌、产品或服务的评价和态度，发现潜在的销售机会。如果用户对某个产品表达了积极的态度或需求，就可能成为潜在客户。

（3）知识图谱。

①实体识别：从海量数据中识别出公司、产品、人物等实体。例

如，从新闻报道中识别出新成立的公司，或从社交媒体中识别出对某个产品感兴趣的用户。

②关系抽取：挖掘实体之间的关系，例如公司与公司之间的合作关系、公司与产品之间的所属关系等。通过了解这些关系，可以拓展潜在客户的线索网络。

③知识推理：基于已有的知识图谱进行推理，发现新的潜在客户或销售机会。例如，如果已知 A 公司与 B 公司有合作关系，且 A 公司是目标客户，那么 B 公司也可能成为潜在客户。

AI 销售线索挖掘技术引擎见表 5-2。

表 5-2　　　　　　　　　　AI 销售线索挖掘

技术类别	技术名称	应用场景
数据爬取与清洗	网络爬虫	自动从网页、社交媒体、论坛等渠道抓取潜在客户信息
	数据清洗	对抓取的数据进行去重、纠错、格式转换等处理，确保数据质量
自然语言处理	文本分析	分析社交媒体评论、新闻资讯、招聘信息等文本数据，提取关键信息，如公司名称、联系方式、需求描述等
	情感分析	识别用户对品牌、产品或服务的评价和态度，发现潜在的销售机会
知识图谱	实体识别	从海量数据中识别出公司、产品、人物等实体。例如，从新闻报道中识别出新成立的公司或从社交媒体中识别出对某个产品感兴趣的用户
	关系抽取	挖掘实体之间的关系，例如公司与公司之间的合作关系、公司与产品之间的所属关系等
	知识推理	基于已有的知识图谱进行推理，发现新的潜在客户或销售机会

3. AI 销售线索挖掘流程：如何"掘金"

AI 销售线索挖掘，需要遵循以下步骤（图 5-1）。

(1) 明确目标客户：定义目标客户的特征，如行业、规模、职位、需求等。明确的目标客户定义是线索挖掘的基础，能使后续的挖掘工作更具针对性。

(2) 数据收集与整合：利用 AI 工具从多个渠道收集数据，并进行清洗、整合。确保数据的全面性和准确性，为后续分析提供可靠的数据支持。

(3) 特征提取与构建：利用 AI 技术从数据中提取有价值的特征，如用户的行为特征、兴趣偏好、社交关系等。这些特征有助于识别潜在客户的行为模式和需求特点。

(4) 线索评分与排序：利用 AI 模型对潜在客户进行评分，根据评分高低对线索进行排序，可以基于多种因素进行评分，如：

①匹配度评分：用于评估潜在客户与目标客户画像的匹配程度。匹配度越高，成为真正客户的可能性越大。

②活跃度评分：用于评估潜在客户在各种渠道的活跃程度。活跃的潜在客户更有可能对产品或服务产生兴趣。

③意向度评分：用于评估潜在客户表现出的购买意向或合作意向。意向度高的线索是销售跟进的重点。

(5) 线索分配与跟进：将高价值线索分配给销售人员，并利用 AI 工具进行个性化跟进。根据线索的特点和销售人员的专长，合理分配线索，提高跟进效率。

(6) 效果评估与优化：根据线索转化情况评估 AI 模型的效果，并不断优化模型和流程。通过持续优化，提高线索挖掘的准确性和转化率。

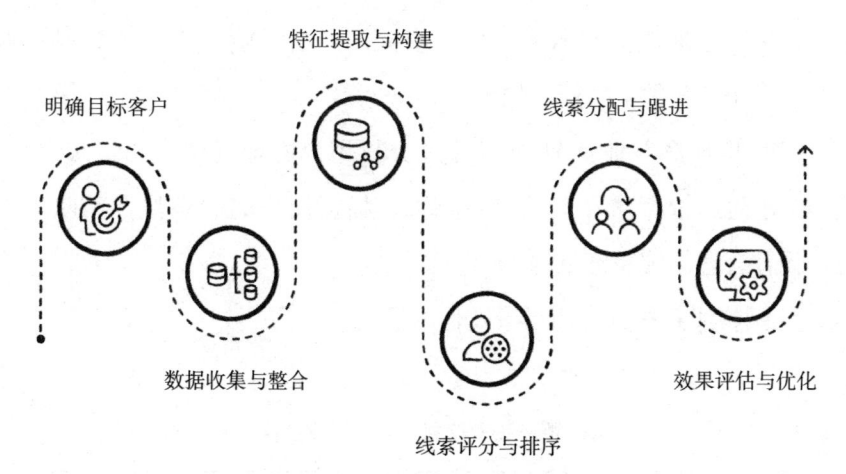

图 5-1 AI 销售线索挖掘步骤

AI 销售线索挖掘的应用场景：让"金子"发光

AI 销售线索挖掘可以应用于各种场景，帮助企业找到更多潜在客户，提高销售业绩。

（1）B2B 销售：AI 可以通过分析企业工商信息、招聘信息、新闻资讯等，识别潜在客户。例如，通过分析企业的招聘信息，发现其业务扩张需求，从而针对性地提供相关产品或服务。

（2）B2C 销售：AI 可以通过分析用户的社交媒体数据、浏览行为、购买记录等，识别潜在客户。比如，根据用户在社交媒体上对某类产品的关注和讨论，判断其购买意向。

（3）电商平台：AI 可以通过分析用户的浏览历史、搜索记录、购买记录等，推荐高潜力的商品和用户，实现精准营销。例如，为用户推荐符合其兴趣和购买历史的商品，提高用户购买意愿。

（4）金融行业：AI 可以通过分析用户的信用记录、投资偏好等，推荐合适的金融产品和服务。例如根据用户的风险承受能力和投资偏好，提供个性化的金融产品推荐。

（5）房地产行业：AI 可以通过分析用户的地理位置、收入水平、购房需求等，推荐潜在购房者。例如，根据用户的地理位置和收入情况，推荐合适区域和价位的房产。

AI 销售线索挖掘应用场景及价值见表 5-3。

表 5-3　　　　　　AI 销售线索挖掘应用场景及价值

场景	AI 应用	价值
B2B 销售	分析企业工商信息、招聘信息、新闻资讯、社交媒体数据等，识别符合目标客户特征的企业	发现更多潜在客户，提高销售线索数量，缩短销售周期
B2C 销售	分析用户社交媒体数据、浏览行为、购买记录、兴趣偏好等，识别具有购买意向的潜在客户	精准定位目标用户，提高营销转化率，降低营销成本
电商平台	分析用户浏览历史、搜索记录、购买记录等，推荐高潜力商品和用户，实现精准营销	提升商品曝光率，提高用户购买意愿，增加平台销售额
金融行业	分析用户信用记录、投资偏好、风险承受能力等，推荐合适的金融产品和服务	降低风险，提高客户满意度，提升金融产品销售额
房地产行业	分析用户地理位置、收入水平、购房需求、家庭结构等，推荐潜在购房者	提高销售线索质量，缩短销售周期，提升房产销售额

AI 销售线索挖掘的优势：让你的销售"如虎添翼"

AI 销售线索挖掘的优势在于能够提高效率、降低成本、提升线索质量和用户转化率，并最终实现销售业绩的增长。

（1）提高效率：AI能够自动化完成线索挖掘的各个环节，大大缩短线索挖掘的时间，提高了工作效率。

（2）降低成本：AI能够减少对人工的依赖，降低人力成本，同时避免了人工操作可能导致的错误和重复劳动。

（3）提升线索质量：AI能够通过数据分析，识别高价值线索，使销售人员更专注于有潜力的客户，提高销售效率。

（4）扩大线索来源：AI能够从多个渠道获取线索，突破传统方式的局限，发现更多潜在客户。

（5）个性化跟进：AI能够提供个性化跟进建议，根据潜在客户的特点和需求，制定针对性的沟通策略，提高沟通效率和成交率。

AI销售线索挖掘的未来：更加智能，更加"懂你"

（1）更深度的用户洞察：AI将能够更深入地了解用户，如用户的心理、情感、价值观等。通过更全面的用户洞察，实现更精准的线索挖掘。

（2）更智能的线索匹配：AI将能够更智能地匹配销售线索，根据潜在客户的需求和企业的产品或服务特点，实现精准匹配。

（3）更个性化的沟通：AI将能够根据用户的个性化需求生成更加个性化的沟通内容。提高与潜在客户的沟通效果，增强客户的购买意愿。

（4）更自动化的流程：AI将能够自动化更多的销售流程，从线索挖掘到跟进，再到成交，实现全流程自动化，提高销售效率。

（5）跨平台数据整合：AI将能够整合来自不同平台的数据，构建更全面的用户画像。通过整合多平台数据，获取更丰富的用户信息，提升线索挖掘的准确性。

AI销售线索挖掘，让销售不再是"大海捞针"，而是"掘金大数据"。AI以数据为基础，以技术为驱动，实现了销售线索挖掘的自动化、智能化和精准化，为企业带来了全新的销售增长机遇。拥抱AI，让你的销售团队如虎添翼，让潜在客户主动上门！

在下一节中，我们将深入探讨AI如何赋能销售过程管理，让你的销售流程更加高效、智能，敬请期待！

销售过程智能管理：AI如何成为你的"超级销售助理"

上一节，我们探索了AI如何化身"火眼金睛"，从海量数据中挖掘优质销售线索，让潜在客户主动上门。现在，让我们聚焦销售过程本身，看看AI如何成为你的"超级销售助理"，通过智能化管理，让销售流程更顺畅、更高效，实现销售业绩可持续增长。

传统销售过程管理，如同"手工作坊"，效率低下，难以适应快速变化的市场环境。你是否也曾面临以下困境：

（1）客户信息散乱：客户信息分散在各个表格、笔记本甚至销售人员的脑海中，难以统一管理。

（2）跟进过程混乱：销售人员凭经验跟进客户，缺乏标准化流程，容易遗漏重要客户或跟进不及时。

（3）销售数据难分析：销售数据分散，难以进行有效分析，无法为销售决策提供支持。

（4）团队协作不畅：销售团队内部缺乏有效沟通和协作，信息共享不及时，容易导致工作重复或脱节。

（5）销售技能难复制：优秀销售人员的经验难复制给其他成员，

团队整体销售能力提升缓慢。

别担心！AI 销售过程智能管理，如同为你的销售团队配备一位"不知疲倦、精明能干"的超级助理，能够帮助你解决这些难题，让你的销售过程高效、精准、智能化，实现销售业绩"芝麻开花节节高"（表 5-4）！

表 5-4　　　　　　　　传统与 AI 销售过程管理对比

对比项	传统销售过程管理	AI 销售过程智能管理
客户信息管理	手工记录，信息分散、易丢失、难共享	AI 自动记录、整合、分析客户信息，形成统一客户视图；支持多维度查询、筛选、排序，方便销售人员快速查找所需信息；利用 AI 技术进行客户画像分析，深度挖掘客户需求和偏好
销售流程	依赖经验，缺乏标准化流程，易遗漏	AI 优化销售流程，自动化任务执行，智能提醒跟进；根据客户特征和行为，自动推荐最佳跟进时间和方式；实时监控销售进度，预测销售结果，为销售决策提供支持
数据分析	数据分散，人工分析效率低，难以发现问题	AI 自动分析数据，生成可视化报告，洞察销售瓶颈，提供决策支持；利用 AI 技术进行销售预测，帮助企业制订更合理的销售计划；分析客户行为数据，优化产品和服务
团队协作	沟通不畅，信息共享不及时，协作效率低	AI 搭建协作平台，实现信息实时共享、任务分配、进度跟踪；支持多人在线协同编辑销售文档、共享客户信息；利用 AI 技术进行智能会议安排、会议纪要生成等
销售技能	依赖个人经验，难以复制	AI 分析优秀销售案例，提供个性化销售技巧和话术建议，提升团队整体销售能力；利用 AI 技术进行销售模拟培训，帮助销售人员快速掌握销售技巧；根据销售人员的特点和客户需求，推荐个性化的学习资源

AI 销售过程智能管理：核心功能与应用场景

AI 销售过程智能管理，并非简单的技术堆砌，而是对销售流程的全面升级和再造。其以数据为驱动，以智能为核心，以自动化为手段，实现销售过程的精细化管理和智能化决策。AI 如何赋能销售过程管理？

（1）销售线索的自动管理：AI 可以自动收集、筛选和分类销售线索，并根据线索的价值和优先级，自动分配给合适的销售人员。

应用场景：AI 自动抓取网站、社交媒体等渠道的潜在客户信息，并根据预设规则进行筛选，将高价值线索自动分配给销售人员。

（2）客户信息的智能记录：AI 可以自动记录客户信息，如客户的基本信息、沟通内容、购买历史等，并将其整合到统一的客户档案中。

应用场景：销售人员与客户沟通后，AI 可以自动将通话录音转化为文字，并提取关键信息，如客户需求、意向等，自动更新到 CRM 系统中。

（3）客户跟进的智能提醒：AI 可以根据客户的特征和行为自动提醒销售人员进行跟进。

应用场景：AI 根据客户的购买历史、兴趣偏好等，预测客户的复购意向，并在合适的时机提醒销售人员进行跟进。

（4）销售过程的智能分析：AI 可以分析销售过程中的各种数据，找出销售过程中的瓶颈，并为改进提供数据支持。

应用场景：AI 通过分析销售人员的沟通记录，找出优秀销售人员的话术特点，并为其他销售人员提供参考。

（5）销售技巧的个性化推荐：AI 可以根据销售人员的特点和客户的需求，为其提供个性化的销售技巧和话术。

应用场景：AI通过分析客户的性格特征和购买偏好，为销售人员推荐合适的沟通方式和产品推荐。

（6）客户关系维护的智能化：AI可以帮助销售人员更好地维护客户关系。

应用场景：AI根据客户的生日、结婚纪念日等特殊日期，自动发送祝福邮件或短信。

AI赋能销售过程：关键环节与实战应用

AI如何在销售过程的关键环节中发挥作用，提升销售效率和业绩？

1. 线索管理：从"大海捞针"到"精准捕捞"

（1）传统模式：销售人员手动收集线索，不仅效率低，而且线索质量参差不齐。

（2）AI赋能：AI自动从多个渠道收集线索，并进行清洗、筛选、评分，将高质量线索优先分配给销售人员（表5-5）。

表5-5　　　　　　传统与AI赋能线索管理对比

环节	传统模式	AI赋能
线索收集	人工收集，效率低，线索来源有限	AI自动从多渠道收集线索，覆盖面广，效率高
线索筛选	人工筛选，主观性强，易遗漏	AI根据预设规则自动筛选，客观、准确
线索评分	缺乏统一标准，难以区分线索价值	AI根据线索来源、活跃度、互动情况等进行评分，区分线索价值
线索分配	人工分配，效率低，易出现分配不均的情况	AI根据销售人员的特点和能力，自动分配线索，提高效率，实现资源的合理配置

2. 客户沟通：从"尬聊"到"有效互动"

（1）传统模式：销售人员凭经验与客户沟通，缺乏针对性，容易引起客户反感。

（2）AI赋能：AI分析客户画像和历史沟通记录，提供个性化沟通建议，提升沟通效率和效果（表5-6）。

表5-6　　　　　　传统与AI赋能客户沟通对比

环节	传统模式	AI赋能
客户咨询	人工客服，响应慢，易出错	AI智能客服，7×24小时在线，快速响应，解答常见问题；针对复杂问题，智能转接人工客服，提高客户满意度
客户情绪	难以识别客户情绪，沟通效果差	AI情感分析，识别客户情绪（如积极、消极、中性），帮助销售人员调整沟通策略，缓和客户情绪，提升沟通效果
沟通话术	依赖经验，缺乏针对性	AI话术推荐，根据客户特征和沟通场景，推荐合适话术，提供个性化沟通建议，提高沟通效率和成交率
沟通内容	手动编写，效率低，容易出错	AI自动生成个性化邮件、短信、社交媒体消息等，提高沟通效率，降低沟通成本

3. 跟进管理：从"遗漏"到"无缝衔接"

（1）传统模式：销售人员手动记录跟进情况，容易遗漏或跟进不及时。

（2）AI赋能：AI自动提醒跟进，记录跟进过程，分析跟进效果，实现无缝衔接。

实战应用：

①AI智能提醒：根据客户特征和跟进阶段自动提醒销售人员进行跟进。

②AI自动记录：自动记录销售人员的跟进过程，如通话记录、邮件往来等。

③AI跟进分析：分析跟进效果，找出最佳跟进时间和方式。

4. 数据分析：从"盲人摸象"到"洞若观火"

（1）传统模式：销售数据分散，人工分析效率低，难以发现问题。

（2）AI赋能：AI自动收集、整合、分析销售数据，生成可视化报告，洞察销售瓶颈，提供决策支持。

实战应用：

①AI销售预测：预测未来销售趋势，帮助企业制订销售计划。

②AI业绩分析：分析销售人员业绩，总结优秀销售人员的经验。

③AI客户分析：分析客户特征和行为，优化客户管理策略。

④AI产品分析：分析产品销售情况，优化产品组合和定价策略。

AI销售过程智能管理的未来展望：更智能，更个性化

AI在销售过程管理领域的应用还在不断发展，未来，AI将会变得更加智能，更加"懂你"，并为销售人员带来更加高效、便捷的工作体验（图5-2）。

（1）更智能的客户管理：AI将能够更深入地分析客户数据，为销售人员提供更精准的客户画像和客户行为分析。

（2）更个性化的客户互动：AI将能够根据客户的特点和偏好，提供更个性化的沟通内容、产品推荐和售后服务。

（3）更自动化的销售流程：AI将能够自动化执行更多的销售任务，如线索分配、客户跟进、数据分析、报告生成等。

图 5-2　AI 在销售中的转型角色

（4）更强大的数据分析：AI 将能够分析更多的销售数据，如销售业绩、用户转化率、客户流失率、用户行为数据等。

（5）更精准的销售预测：AI 将能够更准确地预测未来的销售额、市场需求等。

（6）AI 销售教练：AI 将能够根据销售人员的沟通录音、文本等，实时提供反馈和指导，帮助销售人员提升沟通技巧和销售能力。

（7）虚拟销售助手：AI 将能够以虚拟形象出现，协助销售人员处理日常事务，如安排会议、查询资料、生成报告等。

AI 销售过程智能管理让销售不再是"体力活"，而是"脑力活"。让 AI 成为你的"超级销售助理"，让你告别烦琐，拥抱智能，实现销售业绩持续增长！

在下一节中，我们将探讨如何利用 AI 提升销售技巧，让你的销售团队如虎添翼，成为销售高手，最终实现销售目标！

销售技巧升级：AI如何助你成为销售高手

在前两节中，我们探讨了 AI 如何赋能销售线索挖掘和销售过程管理，让销售团队能够更高效地找到潜在客户并进行跟进。本节，让我们聚焦于销售人员本身，看看 AI 如何帮助销售人员提升销售技巧，成为"超级销售员"，让每一次沟通都充满力量，每一笔交易都水到渠成！

传统的销售技巧培训往往依赖于经验传授和模拟演练，难以实现个性化指导和即时反馈。你是否也曾面临以下困境：

（1）沟通技巧难以提升：缺乏有效的沟通技巧，难以与客户建立信任，无法准确把握客户需求。

（2）话术单一，缺乏针对性：面对不同类型的客户，总是使用同一套话术，难以引起客户共鸣。

（3）异议处理能力不足：面对客户的疑虑和反对意见，不知如何应对，容易导致销售失败。

（4）成交技巧欠缺：缺乏有效的成交技巧，难以促成交易，错失销售机会。

（5）学习效果难以评估：缺乏有效的评估方法，难以衡量培训效果，无法进行针对性改进。

别担心！AI 销售技巧升级如同为你的销售团队配备一位"私人教练"，能够提供个性化的指导和建议，帮助销售人员快速提升销售技能，成为销售高手（表 5-7）！

表 5-7　　　　　　　传统与 AI 销售技巧对比

对比项	传统销售技巧培训	AI 销售技巧升级
培训方式	经验传授、模拟演练	数据驱动、个性化指导、实时反馈、情景模拟、A/B 测试
培训内容	通用化内容，缺乏针对性	个性化内容，针对不同销售人员、不同客户、不同场景
学习效果	难以评估，改进方向不明确	AI 实时评估，数据反馈，持续优化
技能提升	依赖个人经验，提升缓慢	AI 辅助学习，快速提升
成本	培训成本高，时间长	降低培训成本，缩短培训周期

本节，我们将深入探讨 AI 如何赋能销售技巧的各个方面，让你的销售团队"脱胎换骨"，成为一支战无不胜的"销售铁军"！

AI 销售技巧升级：数据驱动，个性化指导

AI 销售技巧升级，并非简单的技术应用，而是以数据为驱动，以用户为中心，以个性化为导向的全新销售模式。

AI 如何提升销售技巧？

（1）数据驱动的销售分析：AI 可以分析海量的销售数据，找出影响成交的关键因素。

（2）个性化技巧推荐：AI 可以根据销售人员的特点和客户的需求，推荐个性化的销售技巧。

（3）客户画像分析：AI 可以通过分析客户特征和行为，提供精准客户洞察。

（4）销售场景分析：AI 可以通过分析不同销售场景，提供相应技巧建议。

（5）销售人员能力评估：AI 可以通过分析销售人员优势和劣势，提供个性化培训方案。

（6）智能话术优化：AI 可以通过分析优秀销售案例和沟通记录，提取高效话术，根据不同场景推荐沟通策略。

（7）实战模拟训练：利用 AI 构建模拟销售环境，让销售人员进行实战演练，并及时提供反馈。

（8）实时辅导与优化：利用 AI 实时分析销售人员与客户的沟通情况，并提供实时辅导，帮助销售人员调整沟通策略。

AI 销售技巧升级实战：关键环节与应用

AI 如何在销售的关键环节中发挥作用，帮助销售人员提升技能，实现业绩突破（图 5-3）？

1. 客户接触：从"陌生"到"熟悉"

（1）传统模式：销售人员通过电话、邮件等方式联系客户，效率低，容易引起客户反感。

方案呈现
从标准化演示到定制
解决方案

需求分析
从主观猜测转向基于
数据的洞察

谈判议价
从被动交易到主动
策略

客户接触
从低效的联系方法到
个性化的互动

成交促单
从犹豫不决到果断
成交

图 5-3　AI 驱动的关键环节与应用

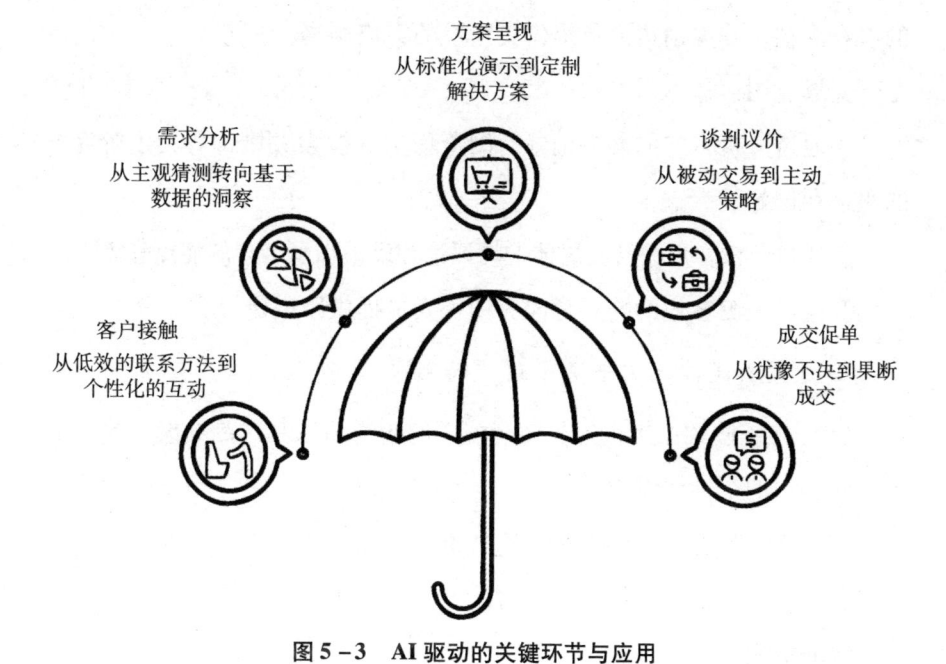

（2）AI 赋能：AI 可以帮助销售人员找到更有效的沟通方式，例如通过社交媒体与客户建立联系，或者根据客户的兴趣爱好，发送个性化的邮件。

实战应用：

①通过分析客户的社交媒体信息，了解客户的兴趣爱好和关注点。

②通过生成个性化的邮件或短信，吸引客户的注意力。

③通过智能外呼，筛选意向客户，提高沟通效率。

2. 需求分析：从"猜测"到"洞察"

（1）传统模式：销售人员通过提问了解客户需求，容易遗漏关键信息，或者受到主观判断的影响。

（2）AI 赋能：AI 可以通过分析客户的历史数据和行为，预测客户的潜在需求，并为销售人员提供更精准的客户洞察。

实战应用：

①通过分析客户的购买记录、浏览历史、搜索关键词等，了解客户的兴趣和偏好。

②通过分析客户在社交媒体上的评论和反馈识别客户的痛点和需求。

③通过预测客户的购买意向为销售人员提供跟进建议。

3. 方案呈现：从"平淡"到"精彩"

（1）传统模式：销售人员使用统一的销售话术和产品介绍，难以满足不同客户的个性化需求。

（2）AI赋能：AI可以根据客户的特征和需求，生成个性化的产品介绍和解决方案，提高销售说服力。

实战应用：

①通过根据客户的行业、规模、痛点等生成个性化的产品介绍。

②通过根据客户的购买历史和偏好推荐相关的产品或服务。

③通过生成产品演示视频或PPT更直观地展示产品优势。

4. 谈判议价：从"被动"到"主动"

（1）传统模式：销售人员凭经验进行谈判，容易陷入被动，难以争取到最佳的交易条件。

（2）AI赋能：AI可以通过分析客户的购买意向和价格敏感度，为销售人员提供谈判策略和话术建议。

实战应用：

①通过分析客户的历史交易数据预测客户的成交价格范围。

②通过分析客户在谈判过程中的言语和情绪判断客户的真实意图。

③通过模拟谈判场景帮助销售人员练习谈判技巧。

5. 成交促单：从"犹豫"到"果断"

（1）传统模式：销售人员缺乏有效的成交技巧，容易错失销售机会。

（2）AI 赋能：AI 可以根据客户的特征和行为，推荐个性化的成交技巧，提高成交率。

实战应用：

①通过分析客户的购买意向判断最佳的成交时机。

②通过根据客户的疑虑提供相应的解决方案和话术。

③通过生成个性化的促销方案刺激客户的购买欲望。

AI 销售技巧升级的工具见表 5-8。

表 5-8　　　　　　　　AI 销售技巧提升的工具

工具类型	工具名称	主要功能
AI 销售助手	销售易	客户关系管理、销售自动化、营销自动化、客户服务等
	纷享销客	客户关系管理、销售自动化、营销自动化、客户服务等
	探迹	智能销售云平台，提供线索挖掘、商机触达、客户管理等功能
	加推	智能销售系统，提供名片、官网、宣传册、案例库等营销工具
AI 语音分析工具	循环智能	利用 AI 技术分析销售对话，提供销售策略和培训建议
	硅基智能	提供智能语音分析、销售陪练等功能，帮助企业提升销售效率
	智齿科技	提供智能客服、智能外呼、智能语音分析等功能
AI 内容生成工具	文涌	腾讯推出的 AI 写作助手，可以生成文章、文案等
	文心	百度推出的 AI 大模型，可以进行文案创作、对话互动等
	通义	阿里巴巴推出的 AI 大模型，可以进行文案创作、代码编写等

续表

工具类型	工具名称	主要功能
AI模拟训练平台	爱客CRM	具备销售模拟培训功能，帮助销售人员提升销售技巧
	销氪	具备销售实训功能，能够模拟真实销售场景，帮助销售人员提升实战能力

AI销售技巧升级的未来展望：更智能，更人性化

AI在销售技巧升级中的应用还在不断发展，未来，AI将会更加智能，更加人性化（图5-4）：

情感连接
AI帮助建立更深层次的客户关系

人机协同
AI和销售人员共同努力，发挥各自的优势

自动化学习
AI自动更新和优化销售策略

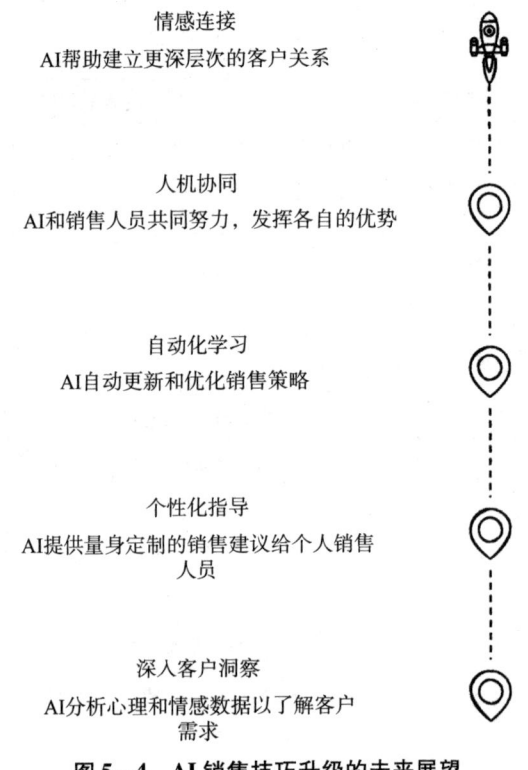

个性化指导
AI提供量身定制的销售建议给个人销售人员

深入客户洞察
AI分析心理和情感数据以了解客户需求

图5-4　AI销售技巧升级的未来展望

（1）更深入的客户洞察：AI 将能够更深入地了解客户的需求和偏好，例如通过分析客户的心理状态和情感倾向，了解客户需求。

（2）更个性化的指导：AI 将能够根据销售人员的特点和习惯，提供更个性化的销售技巧和建议。

（3）更自动化的学习：AI 将能够自动分析销售数据和客户沟通记录，自动更新和优化销售技巧。

（4）人机协同：AI 将与销售人员形成更紧密的协同关系，由 AI 负责重复性和流程性的工作，销售人员则负责更高层次的沟通和服务。

（5）情感连接：AI 将能够更好地理解和表达情感，帮助销售人员与客户建立更深层次的情感连接。

AI 销售技巧升级，让销售不再是"经验主义"，而是"数据驱动、智能辅助"。AI 成为销售人员的"私人教练"，提供个性化指导，帮助销售人员快速提升技能，成为销售高手！

在下一节中，我们将探讨如何利用 AI 维护客户关系，提升客户满意度和复购率，让客户成为品牌的忠实拥趸！

客户关系维护：AI守护，让客户"主动回购"

前几节中，我们学习了 AI 如何赋能销售线索挖掘、销售过程管理以及销售技巧提升，如同打通了销售的"任督二脉"。本节让我们将目光聚焦于"售后服务"，探讨如何利用 AI 维护客户关系，提升客户满意度和复购率，让客户从"一次性购买"转变为"终身拥趸"。

如果说销售是"攻城略地"，那么客户关系维护就是"安邦定国"。良好的客户关系是企业可持续发展的基石。

传统客户关系维护如同守株待兔，被动等待客户反馈，难以实现主动关怀和个性化服务。你是否也曾面临以下困境：

（1）客户信息碎片化：客户信息分散在各个部门、各个系统中，难以形成统一视图。

（2）客户需求难把握：无法及时了解客户需求变化，难以提供个性化服务。

（3）客户反馈响应慢：客户问题得不到及时解决，导致客户满意度下降。

（4）客户流失率高：缺乏有效的客户维系手段，导致客户流失严重。

（5）维护成本高：人工维护成本高、效率低，难以覆盖所有客户。

别担心！AI客户关系维护，如同为你的企业配备一位"贴心管家"，能够帮助你更全面地了解客户、更主动地关怀客户、更及时地响应客户，最终实现客户满意度和复购率的双重提升，让客户"主动回购"，成为你的"铁杆粉丝"（表5-9）！

表5-9　　　　　传统与AI客户关系维护对比

对比项	传统客户关系维护	AI客户关系维护
信息管理	信息分散、碎片化，难以形成统一客户视图	AI自动整合多渠道客户信息，构建360度客户画像，实现客户信息的全面、统一管理
客户洞察	依赖经验和主观判断，难以准确把握客户需求	AI分析客户行为数据、反馈信息，深度洞察客户需求和偏好，实现精准营销和服务
服务方式	被动响应客户问题，缺乏主动关怀	AI主动关怀、个性化服务、预测性维护，实现服务的智能化和个性化
响应速度	人工响应速度慢，效率低	AI智能客服7×24小时全天候在线，快速响应客户问题，提高客户满意度
客户流失	缺乏有效维系手段，客户流失率高	AI预测客户流失风险，提前预警，并采取个性化挽回措施，降低客户流失率
维护成本	人工维护成本高，效率低	AI自动化执行重复性任务，降低人力成本，提高效率；通过精准营销和服务，提高客户生命周期价值，降低营销成本

本节，我们将深入探讨AI如何赋能客户关系维护的各个环节，让企业与客户建立更紧密、更持久的关系，实现客户价值的最大化！

AI 客户关系维护：主动关怀，个性服务

AI 客户关系维护，并非简单的技术堆砌，而是以客户为中心，以数据为驱动，以智能为手段，实现客户关系维护的全面升级。AI 如何赋能客户关系维护？

（1）客户分群与标签化：AI 可以根据客户的消费行为、购买历史、偏好设置等，自动将客户划分为不同的类别，并为客户打上个性化标签。例如，将高频购买且偏好高端产品的客户标记为"高端忠实客户"，方便企业针对性地开展营销和提供服务。

（2）个性化服务与推荐：AI 可以分析用户的历史数据和行为，提供个性化的产品推荐、优惠信息、节日祝福等。比如，根据客户过往购买的电子产品，推荐相关的配件或新产品。

（3）主动关怀与互动：AI 可以根据用户的生命周期阶段，主动向用户推送相关的信息。例如，在新客户注册后的一周内，推送新手引导和专属优惠；在老客户生日时，送上定制化祝福和专属福利。

（4）智能客服与快速响应：AI 可以自动回复客户的常见问题，并及时处理客户的反馈，提高客户服务效率。比如，通过自然语言处理技术，快速解答客户关于产品使用方法、售后政策等常见问题。

（5）客户流失预警与挽回：AI 可以通过分析客户的行为数据，预测客户的流失风险，并及时发出预警，提醒销售人员采取相应的挽回措施。例如，当客户长时间未登录且购买频率降低时，系统自动预警，销售人员可通过发送专属优惠或个性化关怀信息来挽回客户。

（6）自动化任务执行：AI 可以自动执行一些重复性的任务，如发

送邮件或短信、生成报告等，解放销售人员的时间。例如，定期自动向客户发送新品推荐邮件或促销短信。

AI 客户关系维护实战：关键环节与应用

AI 如何在客户关系维护的关键环节中发挥作用，提升客户满意度和忠诚度？

1. 客户信息整合：构建"360 度客户画像"（图 5-5）

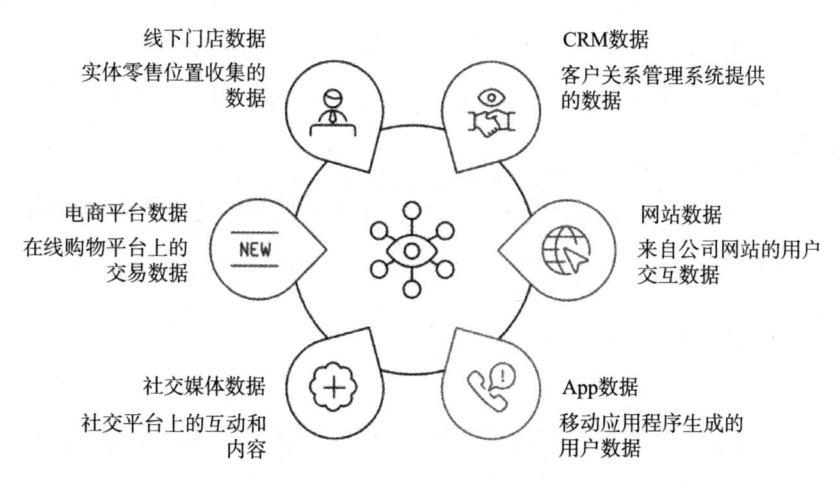

图 5-5 构建 360 度客户画像

（1）传统模式：客户信息分散在各个部门、各个系统中，难以形成统一视图。例如，销售部门记录的客户购买信息与客服部门记录的客户反馈信息无法有效整合，导致企业对客户的了解比较片面。

（2）AI 赋能：AI 可以自动整合来自不同渠道的客户信息，构建360 度客户画像。例如 AI 能够抓取和整合客户在电商平台、社交媒体、线下门店等多渠道的行为数据，全面了解客户。

实战应用：

①自动抓取和整合客户在不同渠道的行为数据，如购买记录、浏览历史、评论反馈等。

②对客户数据进行清洗、去重、标准化处理，确保数据的准确性和可用性。

③构建多维度客户画像，如客户基本信息、行为特征、消费偏好、价值贡献等，为精准营销和服务提供依据。

2. 个性化沟通与互动：让客户感受到"被重视"

（1）传统模式：采用统一的沟通方式，难以满足客户的个性化需求。例如，群发的邮件和短信内容千篇一律，无法吸引客户的注意力。

（2）AI 赋能：AI 可以根据客户的特征和偏好，提供个性化的沟通内容和互动方式。通过分析客户画像和行为数据，生成符合客户兴趣和需求的沟通内容。

实战应用：

①根据客户的兴趣爱好，推荐个性化的内容，如为喜欢健身的客户推荐运动装备新品或健身课程。

②根据客户的购买历史，提供个性化的优惠券或促销信息，如为购买过护肤品的客户推送相关品牌的折扣信息。

③根据客户的生命周期阶段，发送个性化的关怀邮件或短信，如新客户注册时发送欢迎邮件，老客户长时间未购买时发送唤醒短信。

AI 智能客服提供 7×24 小时在线服务，及时解答客户问题，根据客户问题提供个性化解决方案。

AI 个性化沟通与互动见表 5-10。

表 5-10　　　　　　传统与 AI 赋能沟通渠道对比

沟通渠道	传统方式	AI 赋能
邮件	群发邮件，内容千篇一律	根据客户画像、行为数据等，生成个性化邮件内容，提高打开率和点击率
短信	群发短信，容易被用户忽略	根据客户特征和需求，发送个性化短信内容，提高阅读率和转化率
App 推送	统一推送消息，用户体验差	根据用户兴趣偏好和使用习惯，推送个性化消息，提高 App 活跃度和用户黏性
网站/App	统一展示内容，缺乏针对性	根据用户画像和行为数据，展示个性化内容、产品推荐等，提高用户停留时间和转化率
社交媒体	单向发布信息，缺乏互动	利用 AI 分析用户评论和反馈，进行个性化回复，开展互动活动，提升用户参与度
智能客服	人工客服，响应慢，服务质量不稳定	AI 智能客服 7×24 小时全天候在线，快速响应客户问题，提供个性化解决方案

3. 主动关怀与服务：让客户感受到"被关怀"

（1）传统模式：被动响应客户需求，缺乏主动关怀。只有在客户提出问题或投诉时才进行处理，无法主动满足客户潜在需求。

（2）AI 赋能：AI 可以根据客户的生命周期阶段、行为特征等，主动提供个性化关怀和服务。通过对客户数据的分析，提前预判客户需求并提供相应服务。

实战应用：

①在客户生日、结婚纪念日等特殊日期自动发送祝福，增强客户与企业的情感联系。

②在客户购买产品后，自动发送使用指南和保养建议，帮助客户更好地使用产品，提升客户体验。

③在客户长时间未登录或未购买时，自动发送唤醒邮件或短信，提醒客户关注企业产品和服务。

④在客户可能流失前，自动发送挽回信息或提供专属优惠，降低客户流失率。

4. 客户反馈分析：让客户的声音"被听到"

（1）传统模式：人工收集和分析客户反馈，效率低，且容易遗漏重要信息。例如人工阅读和整理客户评论、投诉等反馈，耗时费力且容易忽略关键问题。

（2）AI赋能：AI可以自动收集和分析多渠道客户反馈，识别客户痛点和需求，为产品和服务改进提供依据。例如通过自然语言处理和数据分析技术，快速准确地提取客户反馈中的关键信息。

实战应用：

①自动抓取网站、App、社交媒体等渠道的客户评论，全面收集客户反馈。

②对客户反馈进行情感分析，识别客户的满意度和不满意度，了解客户对产品和服务的态度。

③提取客户反馈中的关键词，了解客户关注的焦点问题，如产品质量、服务态度等。

④AI生成客户反馈分析报告，为产品和服务改进提供数据支持，帮助企业针对性地优化产品和服务。

AI客户关系维护的工具见表5–11。

表 5-11　　　　　　　　　AI 客户关系维护工具

工具类型	工具名称	主要功能
CRM 系统	爱因斯坦（Salesforce Einstein）	客户关系管理、销售自动化、营销自动化、客户服务等
	纷享销客	连接型 CRM，客户关系管理、销售自动化、营销自动化
	销售易	客户关系管理、销售自动化、营销自动化、客户服务等
智能客服平台	智齿科技	智能问答、智能工单、智能外呼、智能语音分析等
	网易七鱼	智能客服、智能营销、智能分析等
	环信	智能客服、智能营销、智能分析等
	Udesk	智能客服、智能营销、智能分析等
营销自动化平台	Convertlab	个性化内容推送、营销活动自动化、用户行为分析等
	JINGdigital	微信营销自动化、客户关系管理、数据分析等
	神策数据	用户行为分析、营销自动化、A/B 测试等
数据分析平台	GrowingIO	用户行为分析、漏斗分析、留存分析等
	神策数据	用户行为分析、营销自动化、A/B 测试等
	诸葛 IO	用户行为分析、漏斗分析、留存分析等

AI 客户关系维护的未来：更智能，更"懂你"

AI 客户关系维护的未来，将更加智能，更加"懂你"（图 5-6）：

（1）更全面的客户洞察：AI 将能够更深入地了解客户，不仅能够分析客户的行为数据，还能洞察客户的心理和情感需求，为客户提供更贴心的服务。

（2）更个性化的互动：AI 将能够根据客户的个性化需求，提供更个性化的沟通内容和服务，实现与客户的深度互动，增强客户黏性。

图 5-6　AI 驱动的客户关系维护管理

（3）更主动的关怀：AI 将能够预测客户的未来需求，提前提供个性化的服务和关怀，在客户尚未意识到需求时就给予满足，提升客户体验。

（4）更智能的客服：AI 智能客服将能够理解更复杂的客户问题，并提供更准确的解决方案，实现与客户的自然流畅对话，提高客户满意度。

（5）更自动化的流程：AI 将能够自动化更多的客户关系维护任务，从客户信息收集、分析到营销活动执行、客户服务响应，实现全流程自动化，提高工作效率。

（6）情感连接：AI 将能够更好地理解和表达情感，帮助企业与客户建立更深层次的情感连接，让客户感受到企业的关怀和温暖，成为企业的忠实拥趸。

AI 客户关系维护，让企业与客户的关系从"交易"走向"连接"，从"被动"走向"主动"，从"单向"走向"双向"。AI 成为你的"贴心管家"，帮助你更好地了解客户、关怀客户、服务客户，最终实现客户价值的最大化。

在接下来的章节中，我们将一同探索 AI 如何助力品牌重塑，让你的品牌在竞争中焕发新的活力，敬请期待！

AI 用户体验优化：提升客户满意度

用户行为分析：AI的"透视眼"，找出你的"用户痛点"

在 AI 智能传播中，我们学习了如何利用技术实现精准触达和高效运营。本章，让我们把焦点转向用户本身，深入探究如何通过 AI 的"透视眼"洞悉用户行为，挖掘潜在痛点，让用户体验实现质的飞跃，最终让客户满意度爆表！

传统用户行为分析数据来源单一、分析方法滞后、洞察深度有限，难以支撑精细化运营的需求。你是否也曾为以下问题困扰：

（1）用户在网站上"逛"了很久，却始终没有下单。

（2）App 用户下载后，没过几天就"卸载"了。

（3）客户服务热线总是拥堵，问题却难以解决。

传统模式，已无法适应用户需求日新月异的互联网时代。

AI 用户行为分析以数据为基石，以技术为手段，助你洞察用户行为"密码"，绘制用户体验地图，从而打造更流畅、更愉悦、更个性化的用户体验（表 6-1）！

AI 赋能用户行为分析绝非纸上谈兵，而是可以落地的实用技巧。那么如何掌握 AI 的这项"独门秘技"呢？让我们一探究竟！

表 6-1　　　　　　　传统与 AI 驱动的用户行为分析对比

对比维度	传统用户行为分析	AI 驱动的用户行为分析
数据来源	局限于网站统计、问卷调查等，数据量小，维度单一	全渠道数据采集，如网站、App、社交媒体、CRM 等，数据量大，维度丰富
分析方法	人工分析，耗时费力，难以发现深层规律	AI 自动分析，快速高效，能够挖掘用户行为模式和潜在需求，自动识别用户痛点
用户洞察	难以准确把握用户真实需求，容易产生偏差	基于数据驱动，更加客观、精准地了解用户，并保证分析结果的准确性
优化方向	优化方向不明确，缺乏数据支持	AI 智能推荐，提供个性化优化方案，提高用户体验
效果评估	难以量化优化效果，效果评估主观性强	AI 实时监控数据，能够量化评估优化效果，并提供客观的数据支持，保障改进能够有效进行

AI 用户行为分析，核心在于洞察、分析、理解。掌握这三大技能，才能真正看懂用户，为用户体验优化奠定坚实基础。

1. 数据采集

数据采集旨在构建全方位的数据收集网络，为用户行为分析提供原始素材。AI 从哪里"搜集情报"呢？

①网站/App 数据：用户的浏览轨迹、停留时间、点击行为、转化率等。

②电商平台数据：用户的购买行为、收藏、购物车等。

③社交媒体数据：用户的点赞、评论、分享、关注等行为。

④CRM 系统数据：用户的基本信息、沟通记录、投诉建议等。

通过以上不同途径，可以更好地对用户数据进行整理。数据信息越多，整理的客户画像就越完整。

2. 数据清洗与整合

数据质量是分析的生命线。AI 能够去重、纠错、转换，让数据彰显价值，从而提升客户体验。主要分为：

①原始数据清理：在最开始对数据进行清洗，可以有效提升效率。

②数据信息整合：方便后续使用，并能直观看到数据的变动。

③保障数据的安全性。

3. 用户行为分析

洞察用户行为的"万花筒"。AI 能够运用各种模型与算法，洞察用户行为背后的真实动机。

AI 可以通过以下几种方式来洞察用户：

①用户行为分析：找到"用户在网站的访问路径是什么，都点击了什么，在哪个页面流失了"。

②用户终点分析：分析用户在转化漏斗中每个环节的转化率，例如"用户从访问到注册的转化率是多少，用户从注册到付费的转化率是多少"。

③用户情绪分析：利用 AI 算法对用户在评论区和售后进行数据分析，分析用户的态度是积极、消极还是中立。

对用户进行分析之后，我们可以进行如下优化（表 6-2）：

①页面内容设计：利用 AI 根据用户画像、预测用户感兴趣的内容，进行个性化内容推荐，从而有效吸引用户。

②购物流程优化：利用 AI 分析用户在购物流程中的行为数据，找出影响转化率的关键节点。例如，用户常常在哪个步骤放弃购买？是因为运费过高，还是支付方式不够便捷？根据这些瓶颈环节，我们可以有针对性地进行优化，从而提升整体转化率。

③产品功能设计：利用 AI 技术辅助进行产品功能设计，根据热点进行技术加持，让人们在使用产品时，拥有更好的使用体验。

表 6-2　　　　　　　　AI 赋能用户行为分析核心环节

核心环节	具体内容	价值体现
构建全方位的数据收集网络	网站/App 数据，电商平台数据	整合数据，为高效产出内容提供根本保障
数据清洗	去除重复数据、错误数据，保证数据有效性	确保数据的准确性和可靠性，为后续分析打下坚实基础，有利于用户画像的生成
利用 AI 算法进行整合分析	用户行为分析、路径分析、热力图分析	根据客户行为习惯进行产品改进，投其所好

以下表格可以帮助你完成品牌升级（表 6-3）。

表 6-3　　　　　　　　　AI 赋能品牌升级

品牌诊断项目	内容说明	解决方案
品牌市场调研	分析品牌目前市场占有率	AI 辅助用户投放，分析消费者喜好
用户反馈和评价	通过 AI 技术抓取用户评论	对现有产品进行改进和升级
客户流失率	客户流失严重预示着产品问题比较大	构建更完善的客户服务体系，增加产品吸引力

明确方向之后，即可对获取的数据进一步处理，数据处理需要按照以下要求：

（1）信息结构化：将有效信息进行分类，为精细化运营提供保障。

（2）形成用户画像：为不同用户打上标签。

（3）根据现有产品进行优化。

以上就是数据处理的主要流程和需要注意的内容，在实际运用中，也需要根据实际情况进行更细致的把控。

AI 助力用户体验优化，让用户所见即所想，所得即所需！

请记住，用户体验优化永无止境，只有持续关注用户反馈，才能在激烈的市场竞争中脱颖而出，赢得用户的心！下一节，将带你继续探索，如何让 AI 成为你的"贴心管家"，为用户打造一见倾心的个性化体验！

个性化推荐系统：AI的"贴心管家"，让用户"一见倾心"

上一节，我们利用AI，如同"透视眼"般洞察用户行为，挖掘潜在"痛点"。本节，我们将化身"私人定制大师"，利用AI打造个性化推荐系统，助力用户体验华丽升级，实现令用户"一见倾心"的效果！

传统推荐模式往往千篇一律，难以满足个性需求，用户在海量信息中难以快速找到所需。AI个性化推荐系统，则能精准捕捉用户喜好，为其呈现量身定制的内容盛宴。

AI化身贴心管家，究竟有何秘诀？如何才能做到"千人千面，投其所好"？

用户画像构建：绘制精准"用户地图"

用户画像是个性化推荐的基石。告别粗放式运营，拥抱精细化营销！构建用户画像，如同为每位用户建立一份详细的"档案"，记录其方方面面。

AI 用户画像，从哪些维度入手（图 6-1）？

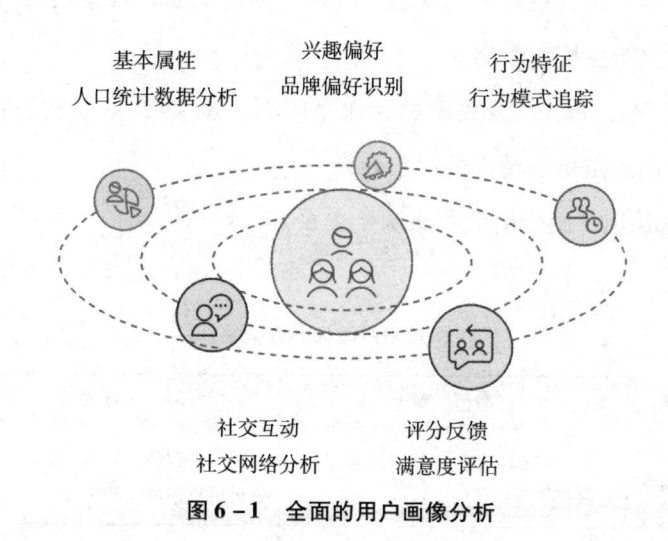

基本属性
人口统计数据分析

兴趣偏好
品牌偏好识别

行为特征
行为模式追踪

社交互动
社交网络分析

评分反馈
满意度评估

图 6-1 全面的用户画像分析

（1）基本属性：包括年龄、性别、地域、学历、收入等。旨在快速了解用户人口统计学特征，进行初步分类。例如，通过分析用户年龄和地域信息，了解不同年龄段和地区用户的消费倾向。

（2）兴趣偏好：包括喜欢的品牌、关注的话题、阅读的内容等。旨在挖掘用户内在动机，捕捉潜在需求。比如，关注用户喜欢的品牌，推荐同类型或竞争品牌的产品。

（3）行为特征：包括浏览历史、购买记录、搜索关键词、App 使用习惯等。旨在追踪用户行为轨迹，洞察其行为模式。如根据用户搜索关键词，推荐相关产品或内容。

（4）社交互动：包括社交媒体行为、评论内容、参与的群组等。旨在分析用户社交关系，了解其社交偏好。例如，通过分析用户在社交媒体上的互动，了解其社交圈子和兴趣爱好。

（5）评分反馈：包括产品评价、服务评分、问卷调查结果等。旨在评估用户满意度，挖掘产品或服务改进方向。比如，根据用户对产品的评价，优化产品推荐策略。

AI 学习，并非一蹴而就的，而是需要"海量数据"的持续投喂，才能逐步训练出更加精准的用户画像。

AI 构建用户画像的数据来源见表 6-4。

表 6-4　　　　　　AI 构建用户画像的数据来源

数据来源	数据类型	AI 应用
企业内部数据	网站或 App 浏览行为、购买记录、收藏夹、评价等	了解用户对产品或服务的偏好、需求，分析用户生命周期阶段
CRM 数据	用户基本信息、会员等级、联系方式、服务记录等	建立用户身份认证体系，进行用户分群管理，提供个性化客户服务
社交媒体数据	用户公开信息、社交行为、互动内容、关注列表、社群等	了解用户兴趣爱好、社交圈子、观点倾向，挖掘潜在用户
第三方数据	人口统计数据、地理位置数据、设备信息、运营商数据等（需合法合规获取）	补充用户画像信息，如判断用户的收入水平、生活习惯等，提升画像精准度

AI 算法，因材施教，让推荐更懂你

AI 如何洞察用户偏好，实现个性化推荐（图 6-2）？

（1）协同过滤（求同）：通过找到与你相似的人，查看其喜好，推荐给你。例如，电商平台根据具有相似购买记录的用户，向你推荐他们

购买过的其他商品。

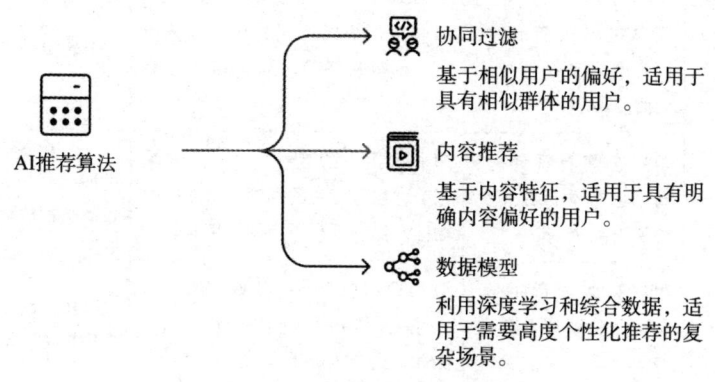

```
AI推荐算法
    ├── 协同过滤
    │   基于相似用户的偏好，适用于具有相似群体的用户。
    ├── 内容推荐
    │   基于内容特征，适用于具有明确内容偏好的用户。
    └── 数据模型
        利用深度学习和综合数据，适用于需要高度个性化推荐的复杂场景。
```

图6-2　AI实现个性化推荐

（2）内容推荐（求近）：根据你喜欢的内容提取特征，推荐具有相似特征的其他内容。比如，音乐App根据用户喜欢的歌曲风格，推荐同风格的其他歌曲。

（3）数据模型（求准）：结合用户画像、行为数据、内容特征，利用深度学习模型，实现更精准的推荐。例如，视频网站通过分析用户画像和观看历史，推荐用户感兴趣的视频。

让AI做你的"专属"推荐官

推荐流程及应用场景（表6-5）。

（1）分析客户资料，投其所好，为客户进行量身推荐。

（2）利用AI实现自动化操作，避免信息泄露，提高效率。

（3）在分析之后，对客户进行分类管理，方便后期跟进。

表6-5　　　　　　　　　　AI 个性化推荐应用场景

应用场景	描述	AI 应用	优化目标
电商平台	用户在浏览商品时，网站会自动推荐相关的商品	AI 根据用户的购买记录、浏览史、兴趣偏好等，推荐相关的商品，提高销量	提升客单价，提升复购率
视频网站	用户在观看视频时，网站会自动推荐相关的视频	AI 根据用户的观看历史、兴趣偏好等，推荐相关的视频，增加用户黏性，提升平台用户的使用时长	增加用户停留时间，增加平台活跃度
新闻资讯 App	用户在阅读新闻时，App 会自动推荐相关的新闻	AI 根据用户的兴趣偏好、阅读习惯，推荐相关的新闻，增加用户黏性，提升内容质量	提升用户阅读量，提高用户留存率
音乐 App	用户在收听音乐时，App 会自动推荐相关的音乐	AI 根据用户的收听习惯、歌曲风格等，推荐相关的音乐，增加用户黏性，为用户构建专属歌单	提高用户音乐播放量，增加平台用户黏性

有了以上技术作为支持，即可开展营销活动，在实施落地的过程中还需要注意以下事项：

（1）提高数据质量，对于无效信息要及时清理。

（2）AI 模型要进行不断的维护和更新，以便迎合用户的喜好和需求。

（3）在算法设计之初，需要对用户行为和数据有准确的理解，在用户授权的情况下合理利用。

在获得用户对推荐结果的反馈之后，要及时调整推荐策略。AI 模型在不断学习中将会变得越发智能，从而为用户带来更加贴心的推荐服务。

在信息安全受到重视的今天，个性化内容推送也是未来发展的趋势。AI 个性化推荐，是一把"双刃剑"。在享受便捷智能的同时，也要警惕潜在风险，如数据隐私泄露、算法偏见等。只有坚守伦理底线，才能让 AI 真正造福人类，实现企业与用户的互利共赢。

本节核心内容总结见表 6-6。

表 6-6　　　　　　　　　　核心内容总结

核心内容	具体描述	AI 应用
多维度用户画像	对客户人群进行精准分析，通过用户数据分析可以得到客户的消费习惯，为客户推送更喜欢的内容	进行信息抓取、将数据结构化，为客户打上标签
构建推荐模型	根据已有客户信息，进行智能匹配，更加方便地为客户推荐有效产品	产品推荐、内容营销推荐、用户信息推荐等，为企业实现营销赋能
内容生成策略	对已有的内容进行分发，吸引客户，让内容为客户提供价值，加深客户记忆	对投放效果进行评估，并制订长期的营销方案，进行精准投放
效果评估与优化	对投放渠道进行把控，通过 AI 数据分析可以有效评估投放信息，并对后续的运营方向进行调整	用户转化率、页面停留时间、客户流失率、用户客诉率、客户活跃度等

在接下来的内容中，本书会为大家介绍 AI 如何进行客户反馈的收集，以及利用 AI 完成客户反馈的分析，从而更好地服务于用户。请大家继续学习，为提高用户转化率贡献自己的一份力量。

用户反馈收集与分析：AI的"用户心声解码器"，让改进"落地有声"

在前两节中，我们学习了如何利用 AI 洞察用户行为、打造个性化推荐系统，为用户提供更加精准和贴心的服务。但是，再精妙的设计也可能存在疏漏，再智能的推荐也可能不符合用户的期望。如何才能及时发现并弥补这些不足，让产品和服务持续优化？

答案就在用户反馈中。用户反馈如同金玉良言，直接反映了用户的真实体验和需求。然而，传统用户反馈收集和分析往往效率低下、难以深入，如同盲人摸象，难以真正把握用户的"心声"。

AI 的出现，如同为你配备了一个"用户心声解码器"，能帮助你高效、准确地收集用户反馈，并从中挖掘出有价值的信息，让改进"落地有声"，并实现用户体验的持续提升。

用户反馈在用户体验优化中的作用：

AI 并非要取代人工，而是要成为人类的"得力助手"，让你：

（1）更全面地收集用户反馈：AI 能够通过打破渠道限制，汇聚各方声音，实现用户反馈"一网打尽"。

（2）更高效地分析用户反馈：AI 能够通过自动进行情感分析、关键词提取、主题分类等，快速提炼关键信息。

（3）更精准地定位用户痛点：AI 能够通过深入挖掘用户反馈深层

次的原因，找到影响用户体验的根本问题。

（4）更科学地制订优化方案：AI 能够通过基于数据分析，为产品和服务优化提供更有力的依据。

数据来源："用户心声"从何而来

AI 想要高效地进行用户反馈收集与分析，就需要保证数据的来源是多样的。

（1）在线评论：包括用户在电商平台、应用商店、社交媒体等渠道对产品或服务进行的评价。

（2）社交媒体：包括用户在社交媒体平台上发布的帖子、评论以及@提及等信息。

（3）在线客服记录：包括用户与在线客服人员的聊天记录。

（4）用户调研：包括以问卷调查、用户访谈、焦点小组等形式收集的用户反馈。

（5）售后反馈：包括用户对售后服务、退换货流程等的评价。

（6）用户行为数据：包括用户在使用产品或服务过程中的点击、浏览、搜索、购买等行为（表6-7）。

表6-7　　　　　　　　　　　数据来源

反馈来源	描述	价值
在线评论	用户在电商平台、应用商店、社交媒体等渠道对产品或服务进行的评价，既能够直接反映用户对产品或服务的满意程度，也能够为其他用户提供参考	了解用户对产品或服务的整体评价、优缺点以及改进建议

续表

反馈来源	描述	价值
社交媒体	用户在社交媒体平台上发布的帖子、评论以及@提及等信息,能够反映用户对品牌的看法、情感倾向以及社会影响力	了解用户对品牌的看法、情感倾向以及传播效果,帮助企业进行舆情监控和危机公关
在线客服记录	用户与在线客服人员的聊天记录,能够反映用户在使用产品或服务过程中遇到的问题和需求	了解用户在使用产品或服务过程中遇到的具体问题、解决效率以及客户服务质量,从而优化服务流程,提升用户满意度
用户调研	以问卷调查、用户访谈、焦点小组等形式收集的用户反馈,能够深入了解用户对产品或服务的看法、态度以及期望	深入了解用户对产品或服务的需求、偏好以及潜在痛点,为产品改进和创新提供方向
售后反馈	用户对售后服务、退换货流程等的评价,能够反映用户对售后服务的满意度	了解用户对售后服务的评价,识别售后服务中的问题,从而优化售后服务流程,提高用户满意度

AI解码:用户"心声"快速提炼与精准分析

有了数据之后,如何才能把这些"珍珠"串成"项链",从中挖掘出有价值的信息?AI这位"解码大师"将助你一臂之力!

AI擅长数据分析,可以从以下几个维度入手(图6-3)。

(1)情感倾向识别:用于识别用户反馈的情感倾向,如积极、消极或中性,从而了解用户的情绪,如用户是喜欢、还是厌恶?

(2)关键词提取:用于提取用户反馈中的关键词,如"质量""价格""服务"等,快速定位用户关注的焦点问题,快速提取信息。

(3)主题分类:用于将用户反馈归类到不同的主题,如产品功能、用户体验、售后服务等,从而便于我们进行集中分析和处理。

（4）趋势分析：用于分析用户反馈随时间变化的趋势，例如某个问题的用户反馈是否越来越多，从而预测未来的潜在问题，帮助我们进行预判和预防。

（5）关联分析：用于分析不同用户反馈之间的关联性，例如哪些问题经常一起出现，从而识别问题的共性。

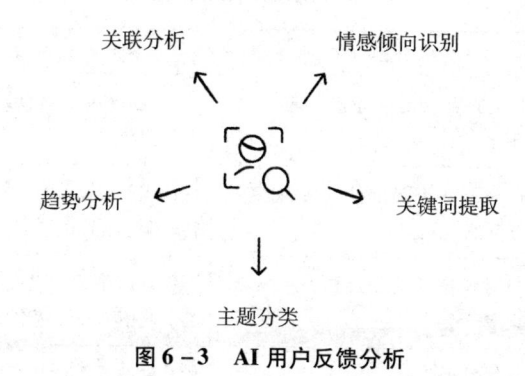

图 6-3 AI 用户反馈分析

有了这些"透视镜"，我们就能够穿透用户反馈的表象，直击问题的本质！

优化迭代：用户反馈驱动，让改进"落地有声"

仅仅了解用户的想法还不够，更重要的是将这些"心声"转化为实际的行动，不断优化产品和服务，才能真正赢得用户的心。

（1）产品功能优化：AI 可以根据用户反馈，帮助企业优化产品功能，如增加新功能、改进现有功能、修复 BUG 等。

（2）服务流程优化：AI 可以分析用户对服务流程的评价，优化服务流程，如简化操作步骤、缩短等待时间、提高响应速度等。

(3) 营销策略优化：AI 可以根据用户反馈，调整营销策略，如优化广告投放、调整促销活动、更改内容营销方式等。

(4) 个性化服务：AI 可以根据用户画像和偏好，提供个性化的服务，如推荐个性化的产品、提供专属客服等（表6-8）。

表6-8　　　　　　　　AI 驱动的用户体验优化

优化环节	AI 分析内容	优化方向
产品功能	用户对产品功能的评价、建议、使用情况	改进现有功能，开发新功能，使其更贴合用户需求
服务流程	用户对服务流程的体验、满意度、问题反馈	优化服务流程，简化操作步骤、缩短等待时间、提高响应速度
营销策略	用户对营销活动的反馈、参与度、转化率	调整营销策略，提高营销活动的精准性、吸引力和转化率
用户体验	用户在网站或 App 上的行为、偏好、反馈、情绪	优化网站或 App 界面设计、内容布局、交互方式，提升用户体验
客户服务	客户服务渠道效率和智能化水平，人工客服响应速度和专业程度。可分析优化客服渠道设置、客服响应速度、客服技能	优化客户服务流程，提高响应速度，提升服务质量，并可以根据用户的历史对话记录，总结用户的问题偏好，将知识库信息推送给客服，辅助客服人员更好、更高效地解决用户问题

持续迭代：永不止步，精益求精

用户需求在不断变化，竞争环境也在不断变化，只有持续迭代，才能始终保持领先地位。

如何才能持续迭代呢？

(1) 及时调整策略：要根据市场的变化，及时调整策略，并作出最合理的决策。

（2）不断优化产品质量：持续为用户提供优质的服务，才是企业可持续发展的秘诀。

（3）坚持创新：积极拥抱新的技术，以此改善营销方式。

在这个以人为本的营销世界里，只有真正理解用户、尊重用户，才能赢得用户的信任！

希望通过本节的学习，您能够掌握 AI 用户反馈收集与分析的"独门秘技"，让用户的"心声"真正成为产品和服务优化的动力，并最终实现品牌和销量的双丰收！接下来，让我们一起探索，如何利用 AI 为用户打造一段丝滑顺畅的购物之旅，实现转化率和满意度的双重飞跃！

用户旅程优化：AI 的"智慧向导"，助你实现转化与满意度的双重飞跃

在前几节中，我们如同"侦察兵"般运用 AI 透视用户行为，挖掘痛点；又如"私人定制师"般，打造千人千面的个性化推荐。本节，让我们更进一步，将这些"点"连接成"线"，利用 AI 打造流畅、高效、个性化的用户旅程，让用户从初次接触到最终复购，都能感受到品牌的魅力，并最终实现转化率与满意度的双重飞跃。

传统用户旅程优化如同"盲人摸象"，缺乏数据支撑，难以精准把握用户的需求，容易导致用户在旅途中"迷失方向"，最终放弃探索。你是否也曾面临以下困境（图 6-4）。

（1）用户流失率高：用户在网站或 App 上"逛"了一圈就离开，难以转化为真实客户。

（2）转化路径复杂：用户需要经过烦琐的步骤才能完成购买，流程体验差。

（3）个性化体验不足：无法根据用户特征和需求，提供定制化的服务。

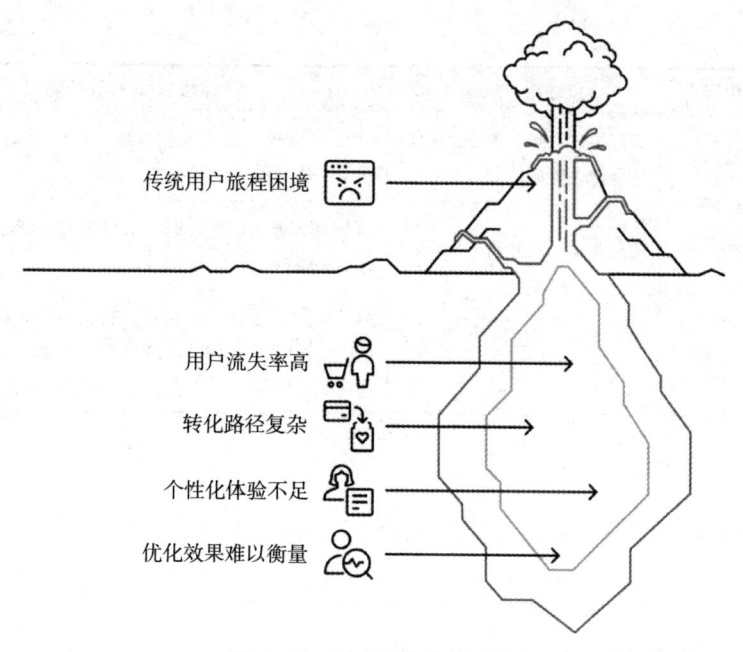

图 6-4 用户旅程优化困境

（4）优化效果难以衡量：难以评估优化措施的有效性，无法持续改进用户体验。

别担心！AI 用户旅程优化，如同为你配备了一位"智慧向导"，能够洞察用户行为、预测用户需求，并为用户提供个性化的指引，让用户的"寻宝之旅"更加流畅、高效、愉悦（表 6-9）！

表 6-9　　　　　　　　传统与 AI 驱动的用户旅程对比

对比项	传统用户旅程	AI 驱动的用户旅程
旅程规划	基于经验，缺乏数据支持，难以精准定位用户需求	数据驱动，AI 分析用户行为，构建用户画像，精准预测用户需求
导航指引	统一化导航，缺乏个性化	AI 个性化推荐，根据用户兴趣和偏好提供定制化内容

续表

对比项	传统用户旅程	AI驱动的用户旅程
流程体验	流程烦琐，操作复杂，用户容易迷失方向	AI优化流程，简化操作步骤，提供智能引导，让用户体验更加流畅便捷
互动方式	缺乏互动，用户参与度低	AI智能客服7×24小时全天候在线，提供个性化咨询服务
优化策略	优化方向不明确，难以持续改进	AI实时监控数据，分析用户行为反馈，持续优化用户体验，从而保证用户体验一直处于不断迭代更新的状态，并持续提升用户的体验

AI赋能用户旅程：步步为营，"智慧护航"

AI用户旅程优化并非简单的流程改造，而是以用户为中心，以数据为驱动，以智能为手段，实现用户体验的全面升级和持续改进。

AI如何优化用户旅程（图6-5）？

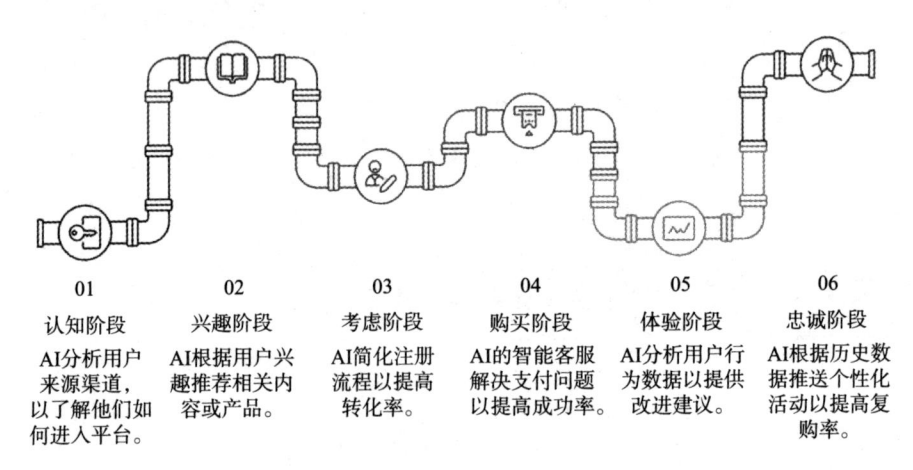

01 认知阶段
AI分析用户来源渠道，以了解他们如何进入平台。

02 兴趣阶段
AI根据用户兴趣推荐相关内容或产品。

03 考虑阶段
AI简化注册流程以提高转化率。

04 购买阶段
AI的智能客服解决支付问题以提高成功率。

05 体验阶段
AI分析用户行为数据以提供改进建议。

06 忠诚阶段
AI根据历史数据推送个性化活动以提高复购率。

图6-5 AI驱动的用户旅程优化

（1）AI驱动的用户行为分析：AI可以通过分析用户的浏览行为、

点击行为、搜索关键词等，了解用户在旅程中的每一个步骤，为优化提供依据。

①路径分析：分析用户在网站或 App 上的访问路径，了解用户是如何到达特定页面、如何完成特定任务的。

②热图分析：分析用户在页面上的点击热图，了解用户对哪些区域更感兴趣，哪些区域容易被忽略。

③用户分群：根据用户的行为特征，将用户划分为不同的群体，分析不同群体的行为差异。

（2）AI 智能推荐个性化内容：AI 可以根据用户的特征和偏好，为用户提供个性化的产品、内容和服务，从而提高用户的参与度和转化率。

①个性化产品推荐：根据用户的购买历史、浏览记录等推荐相关的产品，提高用户的购买意愿。

②个性化内容推送：根据用户的兴趣爱好、阅读习惯等推荐相关的文章、视频等，提高用户黏性。

③个性化营销活动：根据用户的特点推送个性化的营销活动，提高活动参与度。

（3）AI 自动化用户旅程流程：AI 可以自动化处理用户旅程中的各个环节，如注册、登录、支付等，从而提高效率，并提升用户的体验。

①简化注册流程：AI 可以提供第三方账号登录、手机验证码登录等便捷注册方式，简化用户注册步骤。

②优化支付流程：AI 可以提供多种支付方式并简化支付流程，提高支付成功率。

③智能客服：AI 聊天机器人可以自动解答用户常见问题，快速解决用户疑问。

AI 驱动：用户旅程优化实战

我们将通过几个典型的用户旅程节点详细讲解 AI 如何助力提升用户体验，实现用户转化率和满意度的双重飞跃。

1. AI 入口优化：让用户一步到位

（1）传统模式：入口单一，信息呈现笼统，用户难以快速找到所需信息。

（2）AI 赋能：

①分析用户来源渠道，提供个性化登录页面，针对性展示用户最可能感兴趣的内容，以实现用户的留存转化。

②识别用户搜索关键词，深入理解用户意图，引导用户进入对应的产品页面，从而解决用户在搜索中遇到困难的问题。

③根据用户的历史行为智能推荐相关入口，缩短用户探索路径，提升用户体验（表 6 - 10）。

表 6 - 10　　　　　　　　　AI 入口优化策略

优化策略	具体描述	AI 应用
个性化落地页	为不同来源渠道的用户展示不同内容的落地页	根据用户来源，自动匹配用户画像，生成最符合用户需求的页面
智能搜索提示	用户在搜索内容时，对搜索的关键词进行预测和推荐	自然语言处理、关键词提取、语义分析
快捷入口推荐	根据用户访问习惯，智能推荐用户可能需要的快捷入口	用户行为分析、用户路径分析、内容关联推荐

2. AI 浏览体验优化：让用户"一目了然"

（1）传统模式：信息堆砌、排版混乱，用户难以快速找到所需信息，体验差。

（2）AI赋能：

①智能内容组织：根据用户画像对内容进行个性化排序和推荐，使用户能够快捷地找到所需内容。

②智能信息展示：利用AI优化页面布局，清晰展示产品特点，让用户一目了然。

③驱动的智能搜索：利用AI的语义识别能力，分析用户搜索意图，提供更精准的搜索结果。

3. AI转化流程优化：引导转化，"一气呵成"

（1）传统模式：注册流程烦琐，支付方式单一，缺乏便捷支付功能，用户容易放弃购买。

（2）AI赋能：

①简化注册流程：提供第三方账号快捷登录、手机验证码一键注册等便捷方式，简化注册步骤，提高注册转化率。

②优化支付流程：提供多种支付方式选择，并支持一键支付、指纹支付等功能，简化支付流程，提高支付成功率。

③智能推荐优惠券：根据用户画像和购买行为自动推荐合适的优惠券，刺激用户消费。

4. AI客户服务体验优化：提供服务，宾至如归

（1）传统模式：缺乏主动服务意识，客户遇到问题难以得到及时解决，体验差。

（2）AI赋能：

①智能客服：全天候在线，快速响应用户咨询，解决常见问题。

②情感分析：识别用户情绪，为人工客服提供支持，提升服务质量。

③主动关怀：根据用户购买历史和偏好，提供个性化的售后服务（图6-6）。

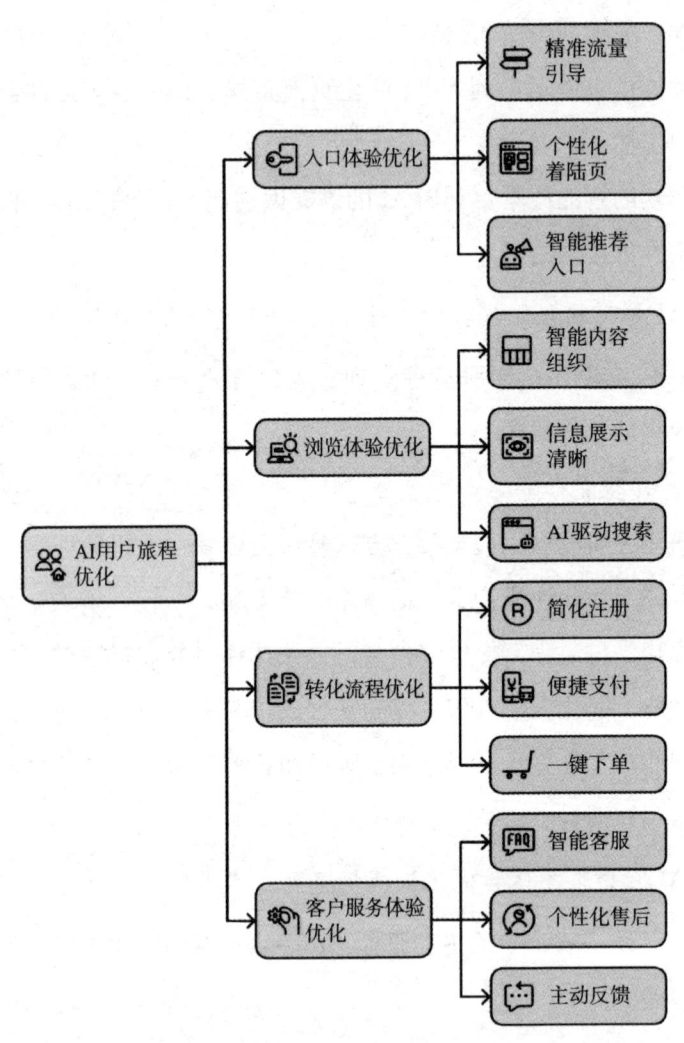

```
AI用户旅程优化
├── 入口体验优化
│   ├── 精准流量引导
│   ├── 个性化着陆页
│   └── 智能推荐入口
├── 浏览体验优化
│   ├── 智能内容组织
│   ├── 信息展示清晰
│   └── AI驱动搜索
├── 转化流程优化
│   ├── 简化注册
│   ├── 便捷支付
│   └── 一键下单
└── 客户服务体验优化
    ├── 智能客服
    ├── 个性化售后
    └── 主动反馈
```

图6-6 AI用户旅程优化示意

AI正在重塑用户体验，既能为用户带来更加个性化、智能化、便捷化的服务，也能为企业带来更多的增长机会。用户体验优化永无止境，只有不断学习和实践，才能真正掌握AI营销的精髓，成为AI时代的营销高手！

在下一章，我们将一同学习AI品牌重塑，打造独特品牌竞争力。

AI 品牌重塑：
打造独特品牌竞争力

品牌定位策略：AI的"定位指南针"，让你找到品牌的"专属赛道"

完成了用户体验的优化如同修建好了道路，接下来，就要让你的品牌在道路上飞驰，脱颖而出！想要在激烈的市场竞争中赢得胜利，精准的品牌定位至关重要。本节，我们将聚焦于品牌重塑的起点，探索如何利用AI制定品牌定位策略，让你的品牌在"专属赛道"上一路领先，最终实现品牌价值的飞跃！

传统品牌定位往往依赖于经验和主观判断，如同"盲人摸象"，难以找到品牌的独特之处，也难以准确把握市场需求。你是否也曾为以下问题而感到困惑？

（1）品牌定位模糊，目标客户不明确：不清楚品牌受众，导致市场推广缺乏针对性。

（2）品牌形象平庸，缺乏记忆点：品牌形象毫无特色，难以在消费者心中留下深刻印象。

（3）竞争对手众多，难以脱颖而出：在竞争激烈的市场中，难以找到自身品牌的差异化优势。

(4) 营销投入回报率低，效果不明显：投入大量营销资源，却无法获得理想的市场反馈和销售增长。

别担心！AI 品牌定位策略，如同为你配备了一台"定位指南针"，能指引你穿越迷雾，找到品牌的"专属赛道"，在竞争激烈的市场中稳操胜券（表 7-1）！

表 7-1　　　　　　　　传统与 AI 品牌定位对比

对比维度	传统品牌定位	AI 品牌定位策略
信息收集	依赖经验和直觉，信息来源有限	利用 AI 收集海量市场数据、用户数据、竞争对手数据等，构建全面的信息基础
数据分析	人工分析，效率低、主观性强	AI 自动化分析，快速高效，能够深入挖掘数据背后的规律和趋势
目标用户洞察	难以精准把握用户需求和偏好	AI 构建用户画像，进行用户细分，精准了解不同用户群体的需求和偏好
竞争对手分析	难以全面了解竞争对手的品牌定位、产品特点、营销策略等	AI 全方位分析竞争对手信息，找出其优势和劣势，为品牌差异化提供依据
定位策略制定	依赖主观判断，缺乏科学依据	AI 智能推荐多种定位方案，并进行优劣势分析和风险评估，辅助决策
品牌价值挖掘	难以充分挖掘品牌的核心价值	AI 能够深入挖掘品牌历史、文化、价值观等，提取品牌的核心价值，增强品牌的独特性和吸引力

本节，我们将深入探讨 AI 如何赋能品牌定位，让你掌握"专属赛道"的制胜秘诀！

AI 赋能：重塑品牌定位，打造专属赛道

AI 品牌定位并非纸上谈兵，而是基于数据分析、用户洞察和智能决

策的有效策略。

AI 赋能品牌定位，主要体现在以下四个方面：

（1）市场洞察：AI 通过分析市场规模、增长趋势、竞争格局、行业热点等数据，从而把握市场的脉搏。例如，通过分析行业报告和市场动态数据，了解市场的发展方向和潜在机会。

（2）用户理解：AI 通过剖析用户画像、行为数据、情感反馈，真正读懂用户心声，从而为品牌的选择提供更多依据。比如，分析用户在社交媒体上的评论和互动，了解用户对品牌的情感态度。

（3）竞品分析：AI 通过深度解析竞争对手的品牌定位、产品特点、营销策略，从而明确自身的竞争优势。例如，通过对比竞争对手的产品功能和价格，找出自身产品的差异化特点。

（4）智能方案生成：AI 通过综合分析各维度数据，生成多元化定位方案，为决策提供参考。例如通过算法模型，推荐符合品牌发展的定位策略。

有了 AI，品牌定位从"经验驱动"升级为"数据驱动"，让品牌决策更加科学、精准、有效（图 7-1）！

（1）品牌基因分析：用于挖掘品牌 DNA，找到品牌的文化内核。例如，通过研究品牌历史和文化背景，提炼出品牌的核心价值观。

（2）目标用户定位：构建精准用户画像，找到品牌受众群体。比如，根据用户的年龄、性别、消费习惯等信息，确定品牌的目标客户群体。

（3）竞争对手分析：全方位解读，了解竞争对手的优势和劣势。分析竞争对手的品牌定位、产品特点和营销策略，找出自身品牌的差异化竞争点。

图7-1　AI在品牌定位中的作用

（4）品牌定位生成：利用AI算法高效分析数据，从而更好地进行品牌定位。通过对市场、用户和竞品数据的分析，生成适合品牌的定位方案。

在进行具体的品牌方案打造时，我们该从哪里入手呢？

品牌DNA认证是品牌定位的前提。就像只有寻根问祖，才能明确品牌的来龙去脉。通过理解品牌，才能更好地为品牌赋能，从而增加品牌价值（图7-2）。

（1）提取品牌故事：AI细读品牌历史、创始人故事，提取品牌文化的精髓。像历史学家一样还原品牌的前世今生。例如，从品牌创立的背景和发展历程中，挖掘出品牌的独特故事和文化内涵。

（2）分析受众情感：AI分析用户评论、互动数据，洞察用户对品牌的情感联结。找到品牌与用户的情感共鸣点。比如，通过分析用户在社交媒体上的评论和点赞数据，了解用户对品牌的情感倾向。

提取品牌故事　　分析受众情感　　定义价值主张
提炼品牌的独特叙事　理解用户情感连接　明确品牌的核心价值

图 7-2　品牌 DNA 认证

（3）定义价值主张：将以上两点作为基础，实现高效的品牌价值输出。结合品牌故事和受众共鸣点，明确品牌的价值主张，向用户传递品牌的核心价值。

用户在哪里，品牌就应该在哪里！

读懂用户是品牌定位的关键。只有了解航向，才能扬帆起航！

没有精准的用户定位，品牌很容易迷失方向，营销也难以取得良好的效果。

AI 又将如何洞察用户，完成定位呢（图 7-3）？

（1）用户画像：通过 AI 数据分析，构成 360 度用户画像，勾勒鲜活用户形象。例如，综合用户的基本信息、消费行为、兴趣爱好等数据，构建全面的用户画像。

（2）行为数据：利用数据对用户进行行为分析，更好地预测产品走向。例如分析用户的购买行为、浏览行为等，预测用户对产品的需求和偏好。

(3) 社区分析：社群能够最直接地体现用户需求，可以有效地利用。通过关键词和信息抓取构建模型，能够为前期的产品预测提供依据。比如，在社交媒体群组或在线论坛中，抓取用户讨论的关键词，了解用户的需求和关注点。

拥有了准确用户画像，品牌定位才能更加精准，营销策略才能更加有效！

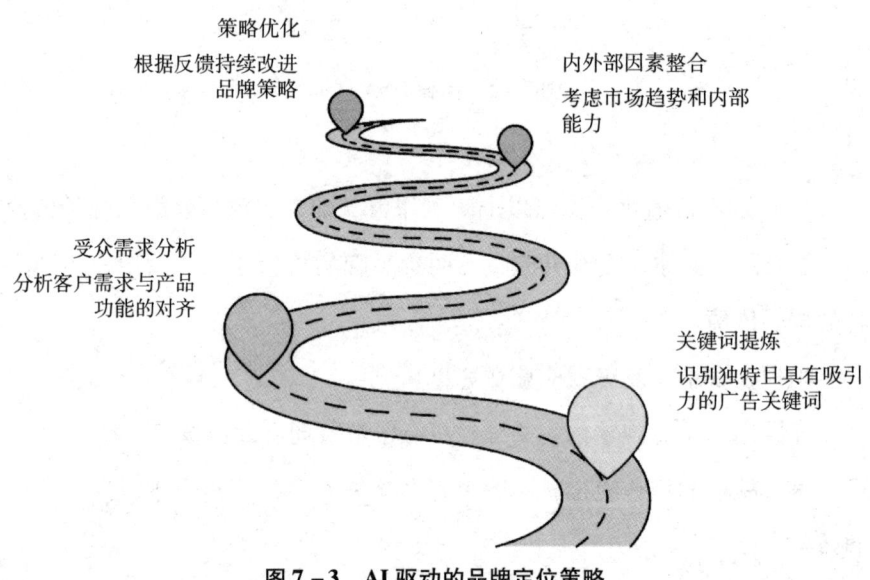

图 7-3 AI 驱动的品牌定位策略

AI 对手分析：避其锋芒，另辟蹊径

在商战中了解你的敌人至关重要。AI 能帮助你分析竞争对手，让你知己知彼，百战不殆！

AI竞争对手分析，从哪些维度入手？

（1）品牌定位：了解竞争对手的目标用户、核心价值，分析其市场策略的优劣。例如，对比竞争对手的品牌定位和目标用户群体，找出自身品牌的差异化定位。

（2）产品特点：梳理竞争对手的产品功能、价格定位、优势劣势，寻找差异化的机会。例如分析竞争对手产品的功能特点和价格策略，找到自身产品的竞争优势。

（3）营销策略：剖析竞争对手的渠道选择、内容风格、推广手段，学习成功经验，规避潜在风险。比如，研究竞争对手在社交媒体、线下活动等渠道的推广方式，借鉴其成功经验，避免出现类似的问题。

（4）用户口碑：抓取用户对竞争对手的评价、吐槽、建议，了解用户的真实反馈。通过分析用户在电商平台、社交媒体等渠道的评价，了解竞争对手产品的优缺点和用户的需求。

只有掌握竞争对手的全方位信息，才能找到自身的差异化优势，从而避免同质化竞争。

数据驱动，科学决策，才能让品牌在激烈竞争中占据有利地位（表7-2）！

表7-2　　　　　　　　　　AI品牌定位分析维度

AI分析维度	具体描述	策略指导
品牌基因	分析品牌历史、文化、价值观，提炼品牌的核心理念，并找到与用户的联系，保证输出的内容优质有效	精准输出，更好地进行服务
目标受众	分析用户的基本信息、行为偏好、价值观等，构建精准的用户画像，实现差异化竞争，找到用户痛点并与产品相结合，帮助产品宣传	保证输出方案更贴合用户，减少资源浪费

续表

AI 分析维度	具体描述	策略指导
竞品分析	分析竞争对手的品牌定位、产品特点、营销策略等，知己知彼，实现营销价值最大化	学习竞争对手的优点，避免其缺点，与自身产品相结合

AI 智能定位：运筹帷幄，决胜千里

有了 AI 的"望远镜"和"显微镜"，接下来便是运筹帷幄的关键时刻！AI 将如何助力品牌制定科学合理的定位策略（图 7-3）？

（1）关键词提炼：提炼广告标题文案关键词，保证独特性。例如，通过分析市场和用户需求，提炼出具有吸引力和独特性的关键词，用于广告宣传。

（2）受众需求分析：对产品特点进行分析，保证能贴合客户，为客户提供有效服务。例如，通过分析产品的功能、特点和优势，结合用户需求，制定针对性的营销策略。

（3）内外部因素整合：企业既要了解外部市场，更要清晰认识自身。例如综合考虑市场趋势、竞争对手情况和企业自身实力，制定符合企业发展的品牌定位策略。

本节中，我们详细拆解了 AI 品牌定位的各个环节。在下一节，我们将继续深入探索如何利用 AI 挖掘品牌故事，为品牌注入灵魂，让品牌更具感染力！

> ## 品牌故事挖掘与重塑：AI 的"编剧"，讲述打动人心的品牌故事

找准"专属赛道"只是万里长征第一步。如何让品牌在这个赛道上跑得更快、更稳、更久？答案在于——品牌故事。一个好的品牌故事能够穿越时间与空间的限制，在用户心中建立情感连接，构筑品牌忠诚度，最终转化为持续的购买力。

传统品牌故事创作，往往依靠创始人回忆、团队讨论、零散用户反馈，难以触及品牌的灵魂深处，更难以准确把握用户的情感需求。你是否也曾面临以下困境（图 7-4）。

吸引力不足
故事缺乏新奇和独特性

缺乏真实性
故事与用户体验脱节

定位脱节
故事未能传达品牌核心价值

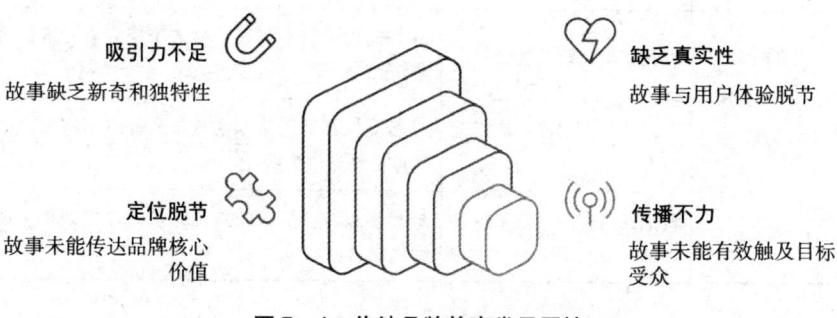

传播不力
故事未能有效触及目标受众

图 7-4 传统品牌故事常见困境

185

（1）品牌故事平淡乏味，难以吸引用户眼球：缺乏新奇元素和独特视角，难以在众多品牌故事中脱颖而出。

（2）品牌故事缺乏真实性，难以触动用户内心：虚构情节过多，与用户实际体验脱节，无法引发用户情感共鸣。

（3）品牌故事与品牌定位脱节，难以有效传达品牌价值：故事内容不能体现品牌核心价值，用户难以理解品牌内涵。

（4）品牌故事传播效果不佳，难以形成广泛影响力：传播渠道选择不当，内容无法精准触达目标用户。

别担心！AI品牌故事挖掘与重塑如同为你请来一位"金牌编剧"，能深入挖掘品牌基因，洞察用户情感，巧妙编织动人故事，让你的品牌不再是冰冷的商品，而是有血有肉、有情有义的个体，从而与用户建立深刻的情感共鸣（表7-3）！

表7-3 传统与AI驱动的品牌故事对比

对比项	传统品牌故事	AI驱动的品牌故事
数据来源	创始人口述、内部资料、少量用户反馈	海量用户数据（社交媒体、评论、行为、调研等），品牌历史数据、行业数据、文化趋势等
挖掘方式	人工访谈、头脑风暴，主观性强、效率低	AI数据挖掘，情感分析，模式识别，客观、高效
故事框架	线性叙事，缺乏吸引力	AI辅助构建故事框架，融入情感元素，增强故事张力
个性化定制	难以针对不同用户群体进行个性化	AI智能推荐不同版本的故事，针对不同用户群体进行差异化传播
传播效果	传播范围有限，效果难以评估	AI精准投放，多渠道传播，实时监控效果，持续优化

AI品牌故事挖掘：解锁尘封的品牌记忆

品牌故事是品牌的灵魂。AI品牌故事挖掘能帮助你追溯品牌起源，挖掘文化内涵，找到品牌的根与魂！

AI品牌故事挖掘路径见表7-4。

表7-4　　　　　　　　AI品牌故事挖掘路径

挖掘维度	数据来源	AI技术	挖掘目标
品牌历史	企业年鉴、创始人访谈、历史照片、文献资料等	文本分析、图像识别、知识图谱	梳理品牌发展脉络，挖掘品牌基因，还原品牌创业历程
用户故事	用户评论、社交媒体帖子、用户访谈、售后服务记录等	文本分析、情感分析、关键词提取	了解用户与品牌的故事，发现用户对品牌的情感连接，提炼用户口碑
品牌价值观	企业使命、愿景、核心价值观、社会责任报告等	文本分析、语义分析、情感计算	提炼品牌核心价值，寻找与用户价值观的契合点，树立品牌社会责任感
行业洞察	行业发展报告、竞争对手信息、市场调研数据等	趋势预测、竞争情报分析、用户需求分析	了解行业发展趋势，把握市场机遇，分析竞争对手策略，为品牌故事创作提供背景支撑
文化符号	品牌LOGO、颜色、字体、口号、代言人等	图像识别、风格分析、语义分析	分析品牌视觉符号、语言符号、行为符号等，提炼品牌文化内涵，增强品牌辨识度

有了这些数据AI才能深入剖析品牌，挖掘品牌故事的"素材"，为后续的创作奠定基础。

AI品牌故事重塑：让"旧"故事焕发"新"生命

有了丰富的故事素材，如何才能将它们巧妙地编织成一段动人心弦的品牌故事呢？AI将变身"故事架构师"，为你打造完美故事框架（图7-5、表7-5）！

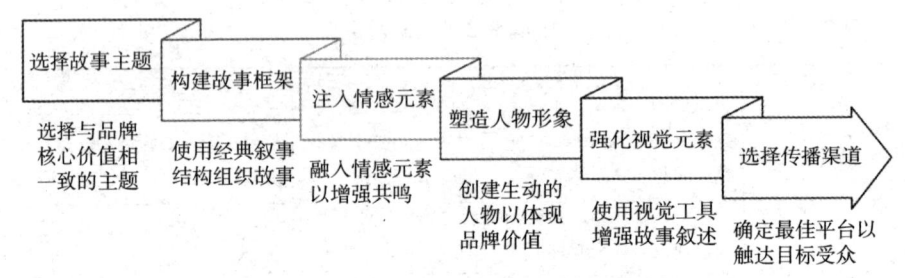

选择故事主题 → 构建故事框架 → 注入情感元素 → 塑造人物形象 → 强化视觉元素 → 选择传播渠道

- 选择与品牌核心价值相一致的主题
- 使用经典叙事结构组织故事
- 融入情感元素以增强共鸣
- 创建生动的人物以体现品牌价值
- 使用视觉工具增强故事叙述
- 确定最佳平台以触达目标受众

图7-5 AI驱动的品牌故事重塑流程

表7-5　　　　　AI驱动的品牌故事重塑策略

策略	描述	AI应用	目的
故事主题选择	聚焦品牌的核心价值、用户最关注的点，提炼出最能触动人心的故事主题。例如，传递品牌的创新精神、强调产品的品质保证、展现品牌的社会责任等	利用AI分析用户评论、社交媒体互动、行业报告等数据，了解用户的关注点和情感需求	提升故事的相关性和吸引力，让用户产生共鸣
故事框架构建	借鉴经典故事的叙事结构（如"英雄的旅程"），将品牌的发展历程、关键事件、重要人物等元素巧妙地融入其中，构建一段引人入胜的故事框架	利用AI分析经典故事的结构和元素，提炼故事叙事规律，并应用于品牌故事的创作中	增强故事的逻辑性和吸引力，提升故事的可读性和传播性

续表

策略	描述	AI应用	目的
情感元素注入	在故事中融入情感元素，如幽默、感动、悬念、温暖等，触动用户的内心深处，增强故事的感染力	利用AI进行情感分析，识别不同用户群体的情感倾向，并根据用户的情感需求，在故事中融入相应的情感元素	增强故事的感染力，触动用户的内心深处，建立品牌与用户之间的情感连接
人物形象塑造	塑造鲜明立体的人物形象，如品牌创始人、员工、忠实用户等，通过他们的经历和感悟展现品牌的价值和理念	利用AI从海量数据中挖掘真实的人物事迹，并对人物形象进行润色和升华，使人物更加鲜活和生动	让用户能够从人物身上看到品牌的影子，增强用户对品牌的认同感和归属感
视觉元素强化	利用图片、视频、动画等多种视觉元素，增强故事的表现力，使品牌形象更加生动和立体	利用AI辅助进行视觉元素的设计和制作，如自动生成海报、视频片段、动画特效等	提升故事的视觉冲击力，吸引用户的注意力，增强故事的传播效果
传播渠道选择	选择适合目标用户的传播渠道，如社交媒体、视频平台、线下活动等，将品牌故事精准地传递给目标用户	利用AI分析不同传播渠道的用户特征和传播效果，制定最优的传播策略	确保品牌故事能够精准地触达目标用户，提高传播效率

在进行品牌故事的创作中，需要与用户之间建立有效的情感联系，展现品牌的温度。

AI改写品牌故事：点亮品牌"高光时刻"

有了框架，接下来要填充内容，让品牌故事更加丰满生动，引人入胜！

AI深度润色，主要从以下五个方面着手（图7-6）。

图7-6　AI深度润色品牌故事

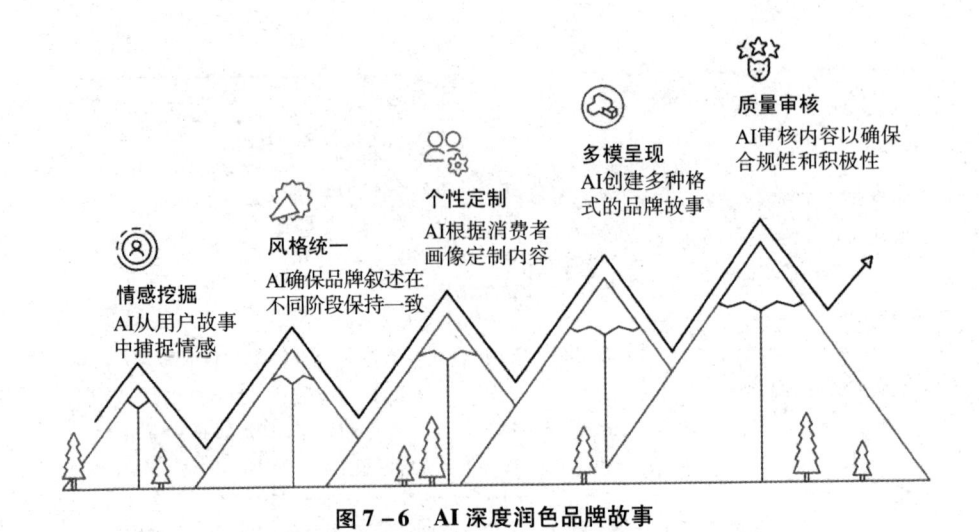

（1）情感挖掘：用户故事永远是最有说服力的，通过AI对用户表达的情感进行捕捉和分析。例如，从用户在社交媒体上的评论中，挖掘出他们对品牌的喜爱、感激等情感。

（2）风格统一：风格是品牌长期发展所积累的，AI可以帮助企业在不同的阶段都保持风格统一。比如，根据品牌以往的宣传文案，生成符合品牌风格的故事内容。

（3）个性定制：不同用户具有不同画像，AI可以根据不同渠道及消费者画像定制内容，实现千人千面。例如，针对年轻用户群体，创作更具时尚感和活力的品牌故事。

（4）多模呈现：相对于单一的图文或者文字，多感官更容易刺激用户，从而使得记忆更加深刻。比如，将品牌故事制作成图文、视频、音频等多种形式，满足用户不同的接收习惯。

（5）质检审核：在内容产出之后，要有效避免敏感词的出现。通过AI技术对故事内容进行审核，确保内容合规、积极。

AI 不仅是技术，更是洞察人性的工具。只有了解用户，理解他们的情感需求，才能创造出真正打动人心的品牌故事。

AI 可以批量生产内容，满足不同渠道的需求。但优质内容永远是核心，只有精益求精才能真正赢得用户的心。

AI 赋能品牌，绝非一蹴而就的，而是需要持续地优化和改进。只有通过不断的数据分析和用户反馈，才能让品牌故事更加完善，更加深入人心。

在以后的营销工作中，对企业品牌或者产品品牌进行重新塑造的难度是比较大的，需要综合考量非常多的问题，而 AI 的出现降低了品牌营销的门槛，提升了工作效率，不仅为企业提供了新的方向，同时也节省了更多的人力成本和时间成本，是营销者们不可多得的好帮手。

通过本节的学习，相信你已经掌握了 AI 品牌故事的创作技巧，并且能够运用在实际的工作中，实现更好的营销效果，在下一节，将会带着大家学习视觉相关的内容，敬请期待！

品牌视觉升级：AI助力，提升品牌吸引力

在上节中，我们如同"故事讲述者"，利用AI挖掘并重塑品牌故事，为品牌注入了灵魂。一个动人的品牌故事能够引发用户的情感共鸣，建立信任和连接。本节，我们要为品牌打造一副引人注目的"面孔"，通过视觉形象的升级，让品牌更具辨识度和吸引力，在茫茫的市场中脱颖而出，最终"一见倾心"。

传统视觉设计依赖设计师的灵感和经验，成本高昂，周期漫长且难以保证效果。你是否也曾面临以下困境（图7-7）。

缺乏创意
品牌视觉形象平庸，难以吸引用户眼球。

风格不匹配
视觉形象与品牌核心价值脱节，难以有效传达品牌理念。

高成本
聘请专业设计团队费用高昂，中小企业难以负担。

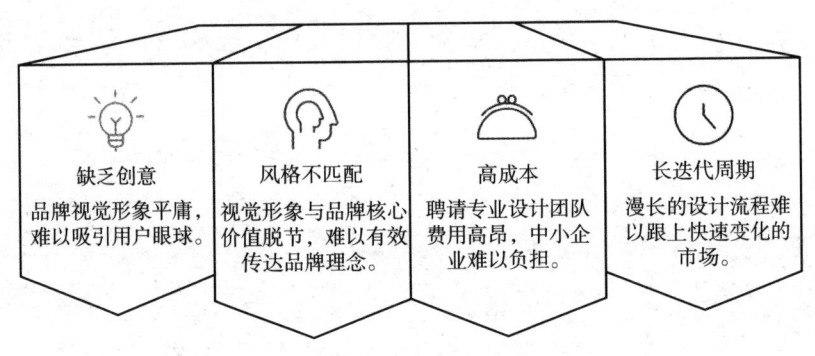

长迭代周期
漫长的设计流程难以跟上快速变化的市场。

图7-7 传统视觉设计面临的困境

（1）设计缺乏创意，难以脱颖而出：品牌视觉形象平庸，难以吸引用户眼球。例如市场上众多品牌视觉相似，缺乏独特性，难以在用户心中留下深刻印象。

（2）设计风格与品牌定位不符：视觉形象与品牌核心价值脱节，难以有效传达品牌理念。例如，高端品牌采用了过于亲民的设计风格，无法体现其高端定位。

（3）设计成本高昂，难以承受：聘请专业设计团队，费用高昂，中小企业难以负担。例如对于预算有限的企业，高昂的设计费用成为阻碍品牌视觉升级的一大难题。

（4）设计迭代周期长，效率低：修改意见反复沟通，设计周期漫长，难以快速适应市场变化。市场趋势瞬息万变，传统设计流程无法及时跟上节奏，导致品牌视觉形象滞后。

别担心！AI品牌视觉识别升级，如同为你请来一位"视觉魔法师"，能帮助你快速、高效地打造出更具个性、更具辨识度的品牌视觉形象，让你的内容"吸睛"无限，在视觉营销时代，抢占先机！

AI品牌视觉识别升级：重塑品牌"颜值"，引爆视觉营销

AI赋能品牌视觉识别并非简单的"美化"，而是对品牌视觉体系的全面升级和重塑，让视觉形象与品牌价值完美融合。

AI主要通过以下五个方面提升视觉识别：

（1）视觉元素分析：AI能够通过图像识别技术解构现有品牌LOGO、配色、字体等视觉元素，评估其市场表现和用户接受度。例如，分析品牌LOGO在不同场景下的展示效果，以及用户对其的认知

度和喜好度。

（2）用户偏好洞察：AI能够通过分析目标用户的审美倾向、兴趣爱好，了解他们喜欢什么样的视觉风格。通过分析用户在社交媒体上关注的内容、浏览的网站等，获取用户的审美偏好信息。

（3）竞品对手视觉分析：AI能够通过对竞争对手的视觉形象进行全方位分析，找出其优势和劣势，为品牌差异化提供参考。例如对比竞品的LOGO设计、色彩搭配、宣传海报等，找到自身品牌的差异化竞争点。

（4）智能设计方案生成：AI能够结合品牌特点、目标用户偏好、市场趋势等因素，自动生成多种设计方案。例如，输入品牌定位、目标用户群体等信息，AI即可生成多个不同风格的LOGO设计方案。

（5）多模态内容适配：AI能够将品牌视觉元素应用于不同渠道，自动调整尺寸、格式，在不同平台上呈现最佳效果。无论是网站、App还是线下宣传物料，都能确保视觉元素的一致性和最佳展示效果（图7-8）。

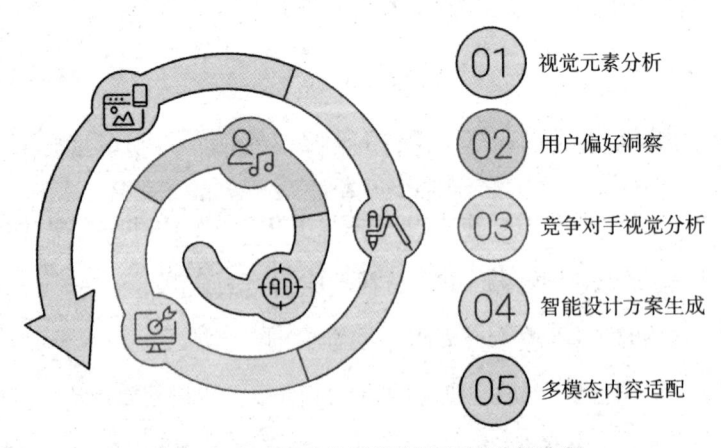

图7-8 AI驱动的品牌视觉识别升级流程

AI 解锁视觉密码：告别"千篇一律"，打造专属风格

AI 赋能，让视觉设计不再是"灵光一现"，而是基于数据和逻辑的科学决策（表7-6）。

表7-6　　　　　　　　　　AI 辅助环节

AI 辅助环节	具体描述	核心目标
视觉元素分析	分析现有品牌 LOGO、配色、字体等视觉元素，评估是否符合品牌定位和目标用户	识别品牌视觉优势和不足，为升级提供依据
用户偏好洞察	利用用户画像进行数据分析和调研，充分了解用户的喜好和审美观念	确定品牌目标，并对视觉风格做出更清晰的定义
竞品视觉分析	剖析竞争对手的视觉风格、设计元素、营销活动等，找出差异化空间，明确设计方案	从竞品身上学习优点，合理避坑，实现弯道超车
智能方案生成	根据分析结果利用 AI 辅助生成 LOGO、海报、配色方案、字体选择、排版设计等多种视觉元素，并为品牌提供更匹配的选项	降低设计成本，节省设计时间，并提升设计质量，可以更好地把控方向
效果评估	完成设计之后，投入实际应用，并追踪用户反应，从而评估效果，为后续迭代提供数据支持	与市场紧密结合保证品牌具有活力和竞争力

AI 可以驱动 LOGO 焕新，让品牌更有辨识度；可以助力海报设计，让品牌信息深入人心；还可以优化包装设计，让产品更具竞争力。

LOGO 是品牌的灵魂，也是用户记住品牌的重要标识。AI 能够助力 LOGO 升级，让你的品牌"一眼入魂"。AI 如何助力 LOGO 升级（表7-7）？

（1）配色方案调整：不同的颜色能够传递不同的情感和氛围。AI

可以通过分析品牌定位和目标用户，推荐最适合的色彩搭配。例如，运动品牌可能更适合充满活力的色彩，高端商务品牌则倾向于稳重、大气的色调。

（2）字体风格优化：字体的选择能够直接影响品牌的气质。AI可以根据品牌的性格和目标用户的喜好推荐最适合的字体。比如，时尚品牌可能选择简洁、时尚的字体，传统老字号品牌则偏好古朴、典雅的字体。

（3）图形元素创新：AI可以生成多种不同的图形元素设计方案，让你的LOGO更加独特和具有辨识度。通过AI算法生成独特的图形符号，与品牌理念相契合，增强品牌的独特性。

表7-7　　　　　　　　　　AI助力LOGO升级

升级要素	实现方式	益处
配色方案调整	为不同的产品设计最合适的配色方案	视觉效果更佳，品牌更具吸引力
字体风格优化	根据用户喜好提供更专业的字体选择	强化品牌调性，提升品牌辨识度
图形元素创新	为设计师提供更多设计灵感和选择	设计效率提升，设计成本降低

AI创意：让海报宣传更有冲击力

营销海报是品牌传递信息的重要载体。AI能够助力海报设计，让你的品牌信息更深入人心。

AI助力，可以高效生产海报，为设计赋能！那么我们该如何利用AI技术设计海报呢（图7-9）？

元素优化
提升视觉冲击力以吸引观众

智能排版
通过有序布局增强信息传递

色彩搭配
使用算法选择色彩以创造氛围

图 7-9　AI 在海报设计中的作用

（1）智能排版：AI 可以通过智能排版将海报的各个元素有序地组织起来，突出重点信息，提升信息传达的效率。例如，将重要的促销信息放在海报的显眼位置，合理安排图片和文字的布局。

（2）色彩搭配：运用 AI 的算法根据主题自动搭配合适的色彩，创造视觉冲击力，通过不同颜色的搭配，营造不同的氛围，从而更好地传递品牌的情感。比如，红色常用于促销海报，以激发用户的购买欲望；蓝色则常用于科技类海报，体现专业性和可靠性。

（3）元素优化：通过 AI 对文字、图片、视频等元素进行优化，可以有效提升海报的视觉冲击力，更容易吸引用户的注意力。例如，利用 AI 技术对图片进行高清处理，增强文字的可读性。

包装设计：让产品更具"竞争力"

精致的产品包装不仅能吸引用户的目光，更能传递品牌的价值和理念。

那 AI 又该如何助力完成产品包装升级（图 7-10）？

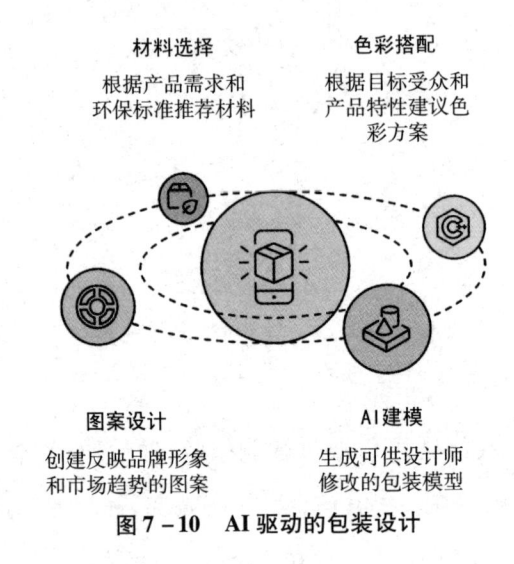

材料选择
根据产品需求和环保标准推荐材料

色彩搭配
根据目标受众和产品特性建议色彩方案

图案设计
创建反映品牌形象和市场趋势的图案

AI 建模
生成可供设计师修改的包装模型

图 7-10　AI 驱动的包装设计

（1）材料选择：AI 可以分析产品特性和环保需求，推荐合适的包装材料。例如，对于易碎产品，推荐使用抗震性能好的包装材料；对于注重环保的品牌，则推荐可降解的包装材料。

（2）色彩搭配：AI 可以根据产品特点和目标用户偏好，推荐合适的色彩搭配。比如，儿童产品可能采用鲜艳、活泼的色彩，高端礼品则选用简约、高贵的色调。

（3）图案设计：AI 可以根据品牌形象和市场趋势，生成合适的包装图案设计。例如结合品牌的核心元素和当下流行的设计风格，创造出独特的包装图案。

（4）AI 建模：AI 可以快速生成产品的 3D 模型，方便设计师进行包装设计。例如设计师可以基于 AI 生成的 3D 模型，直观地展示包装效果，进行修改和完善。

AI 设计工具推荐：

（1）稿定设计：提供 AI 抠图、AI 海报设计、AI 写作等功能。其操作简单，适合初学者和非专业设计师使用。

（2）创客贴：提供 AI LOGO 设计、AI 海报设计、AI 智能生成等功能。其拥有丰富的模板库，能够快速生成各种设计作品。

（3）帆布（Canva）：提供 AI 图片生成、AI 视频剪辑等功能。其支持多平台使用，方便团队协作和设计分享。

AI 赋能品牌：机遇与挑战并存

AI 在品牌视觉识别升级方面的应用正在不断拓展人类的想象空间。但在享受技术红利的同时，也需要关注其可能带来的风险与挑战。

（1）风格统一性：在使用 AI 工具进行设计时，务必保持与品牌的一致性。确保不同渠道、不同形式的视觉设计都能体现品牌的核心价值和独特风格，避免因 AI 生成内容的多样性导致品牌风格混乱。

（2）版权问题：需要对版权问题更加重视。AI 生成内容可能涉及版权归属和使用权限等问题，使用前要确保合法合规，避免侵权引起纠纷。

（3）对设计师过度依赖：合理分工，避免不劳而获。AI 虽然强大，但不能完全替代设计师的创造力和审美能力。要将 AI 作为辅助工具，与设计师的专业知识和经验相结合，实现优势互补。

AI 只是工具，创意的火花，永远源自人类智慧的碰撞！只有将 AI 的强大功能与人类的审美洞察力相结合，才能真正打造出独具魅力的品牌视觉形象，并在用户心中留下深刻的印记！

打造品牌文化：AI的"文化塑造师"，让你的品牌"深入人心"

在前几节，我们如同"建筑师"，利用AI确定了品牌定位，又如"故事家"和"艺术家"般，为品牌打造了动人的故事和吸睛的形象。本节，我们将进入品牌重塑的最后一个环节：品牌文化建设。我们将深入探讨如何利用AI技术，构建具有独特竞争力的品牌文化，让你的品牌在市场中拥有更强大的生命力，并且能够经久不衰，代代相传。

品牌文化不仅是品牌的"灵魂"，更是品牌的核心价值观和行为准则的集中体现。良好的品牌文化能够增强用户信任感，提升员工凝聚力，并提高社会影响力，最终成为品牌最宝贵的无形资产。

传统的品牌文化建设往往依靠领导者的倡导和员工的自觉践行，不仅效果难以量化，也难以保证所有员工都能真正理解和认同。你是否也曾面临以下困境（图7-11）。

（1）品牌文化难以落地：员工理解不深入，难以形成统一的价值观和行为准则。例如企业内部对品牌文化的理解和执行存在差异，导致品牌文化无法有效落地。

理解问题	用户脱节	效率低下	衡量困难
员工理解不深入，导致价值观不一致。	品牌文化未能在情感上与用户产生共鸣。	有限的传播渠道阻碍了品牌文化的有效传播。	评估品牌文化建设成效面临挑战。

图7-11 传统品牌文化建设挑战

（2）品牌文化与用户需求脱节：难以真正触动用户内心，难以建立情感连接。例如品牌文化不能满足用户的情感和精神需求，无法与用户产生共鸣。

（3）品牌文化传播效率低下：难以产生广泛的社会影响，导致品牌宣传没有效果。例如品牌文化传播渠道有限，且方式单一，难以触达目标受众。

（4）难以衡量品牌文化的建设效果：缺乏持续改进的动力。例如无法准确评估品牌文化建设的成效，难以针对性地进行优化和改进。

别担心！AI品牌文化塑造如同为你聘请了一位"首席文化官"，能深入挖掘品牌的内核，提炼核心价值，并将这些价值融入企业的各个方面，让品牌文化真正"深入人心"，成为驱动企业发展的强大动力！

品牌文化并非空中楼阁，而是需要落地的具体行动，更需要融入企业的日常运营。

AI品牌文化重塑的核心，在于数据驱动、智能洞察和全员参与。

（1）数据驱动：AI发挥作用的前提。我们需要从多渠道收集数据，全方位了解品牌和用户。比如通过社交媒体、用户调研、销售数据等渠道，获取关于品牌形象、用户需求和市场趋势的信息。

（2）智能洞察：AI的核心能力。通过数据分析，深度挖掘品牌内核和用户需求。例如利用机器学习算法，分析用户行为数据，洞察用户的潜在需求和情感偏好。

（3）全员参与：品牌文化落地的关键。只有让每一个员工都成为品牌文化的践行者和传播者，才能真正实现品牌文化的价值。例如通过培训、激励等方式，引导员工积极参与品牌文化建设，将品牌文化融入日常工作中。

AI 又该如何完成这些任务呢（表7-8）？

表7-8　　　　　　　AI 品牌文化重塑核心环节

核心环节	核心内容	实现目标
AI 品牌基因解码	AI 分析品牌历史、创始人故事，提取核心价值，并与文化进行融合	梳理品牌文化，保证输出的内容具有价值
AI 用户画像洞察	分析用户行为、偏好、价值观，构建用户画像	有效掌握客户诉求，提升营销的准确率
AI 品牌与文化有效结合	将价值观融入产品设计、服务流程、营销活动等环节	规范企业行为，提升企业文化
AI 辅助分析评估	数据追踪、效果分析、结果预估	实现低投入高回报，节约宣传成本

数据支持能够更好地为品牌赋能。接下来，让我们详细了解 AI 在品牌文化塑造各个环节中的应用（图7-12）。

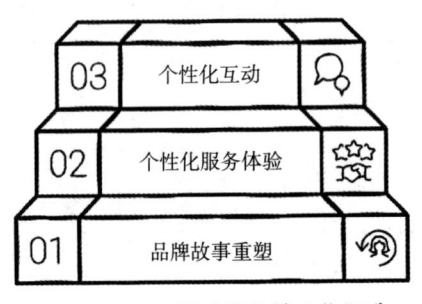

图7-12　AI 驱动的品牌文化塑造

1. 传承历史，连接当下：挖掘品牌故事，重塑品牌记忆

AI 可以分析品牌故事的核心元素，提炼出最能触动用户内心的情感价值。通过对经典案例的拆解与分析，为品牌找到新的方向，使其重焕活力，保证品牌形象与客户的记忆不脱节。例如，通过分析老字号品牌的发展历程，挖掘其传承的工匠精神和文化内涵，将这些元素融入现代品牌传播中。

AI 可以根据不同的传播渠道和用户特征，对品牌故事进行个性化改编，使其更具吸引力。比如针对年轻用户群体，采用更时尚、有趣的叙事方式讲述品牌故事；针对商务用户，则突出品牌的专业和可靠。

在进行故事重塑时，只有始终坚持真实、有趣、贴近生活，才能引起用户的共鸣。

2. 提升用户体验：打造极致服务，传递品牌温暖

在产品同质化的今天，服务体验成为品牌竞争的关键。AI 赋能，打造更便捷、更贴心的服务体验，让用户感受到品牌的温暖和关怀。以下是可以进行优化的方向：

①充分进行市场调查：旨在保证产品质量，减少用户差评。通过分析市场数据和用户反馈，了解用户对产品的需求和期望，从而优化产品设计和生产工艺。

②提升 AI 的应变能力：面对客户投诉，不能总是千篇一律的回复，要尽可能地满足客户的诉求。例如利用自然语言处理技术，使 AI 客服能够理解用户的情绪和需求，提供个性化的解决方案。

③AI 要对客户进行归类：通过重点维护，有效减少用户流失。例如根据用户的消费行为、偏好等特征，将用户分为不同的类别，针对不同类别的用户提供差异化的服务和营销活动。

④打造智能化客户系统：可以有效节约客户时间。例如，通过 AI 智能客服快速解答用户的常见问题，提供自助服务选项，提高服务效率。

3. 持续沟通，建立信任：个性化互动，倾听用户心声

单向传播已经无法满足用户的需求。AI 驱动个性化互动，能够让品牌与用户建立深度连接。

①AI 社群运营：建立品牌专属社群，利用 AI 机器人引导话题，组织活动，鼓励用户参与，增强用户的归属感和忠诚度。比如在品牌官方社群中，AI 机器人可以定期发起话题讨论，组织线上活动，提高用户的参与度和黏性。

②AI 专属定制：品牌需要充分理解客户的想法，并且根据要求进行个性化定制，做到人无我有，人有我优。例如通过分析用户的购买历史和偏好，为用户提供个性化的产品推荐和定制服务。

AI 社群建设目标：搭建品牌与用户之间的桥梁，实现用户沉淀和价值转化。

AI 品牌文化塑造策略见表 7-9。

表 7-9　　　　　　　　AI 品牌文化塑造策略

具体策略	主要手段	目标
品牌基因解码	追溯品牌历史、解读核心价值、提炼品牌个性	明确品牌文化内核，为后续传播奠定基础
用户画像构建	分析用户需求、偏好、价值观等，构建用户画像	了解用户心声，确保品牌文化与用户产生共鸣
内容创作与传播	AI 驱动个性化内容创作，多渠道精准传播	提升品牌文化触达率，增强品牌影响力

续表

具体策略	主要手段	目标
互动与社群运营	利用 AI 智能互动工具，建立品牌专属社群	增强用户参与感和归属感，提高用户黏性
效果评估与优化	实时监控用户反馈和数据指标，持续优化品牌文化建设策略	确保品牌文化建设方向正确，实现可持续发展

AI 营销既要挖掘数据的价值，更要传递人性的温度。只有在技术与情感之间找到最佳平衡点，才能真正实现品牌的可持续发展！未来的品牌文化，将更加注重以下几个方面：

（1）真实透明：在信息爆炸的时代，用户更加渴望真实和透明。企业需要坦诚地展现自身的优势和劣势，与用户建立基于信任的关系。例如，企业公开产品的生产过程、原材料来源等信息，让用户了解产品的真实情况。

（2）社会责任：当前用户越来越关注企业的社会责任感，关注企业是否注重环境保护、公益事业等。企业需要积极参与社会公益，展现品牌的社会价值。比如，企业积极开展环保公益活动，支持教育事业等，提升品牌的社会形象。

（3）情感连接：在物质丰富的时代，用户更加追求精神层面的满足。企业需要深入了解用户的情感需求，并与用户建立情感连接。例如通过讲述品牌背后的故事，传递品牌的价值观和情感，与用户建立情感共鸣。

AI 只是工具，情感和温度才是品牌的灵魂。只有将 AI 的强大能力与人类的智慧相结合，才能真正打造出具有生命力的品牌文化，并在用户心中留下深刻的印记！

AI助推流程再造：让企业高效运转

AI产品优化：AI的"用户需求捕手"，让产品"更懂用户的心"

在完成品牌重塑之后，你是否已经摩拳擦掌，准备在市场上一展身手了呢？别着急！在产品与用户正式见面之前，还需要进行最后的"精雕细琢"，确保你的产品真正符合用户的需求和期望。本章，我们将从企业内部流程入手，进行AI赋能。

AI赋能产品优化将彻底颠覆传统的产品设计模式，不仅能提升效率，更能帮助企业深度洞察用户需求，实现以用户为中心的产品创新。

传统产品优化往往依赖于市场调研、用户访谈、经验推测等方式，存在效率低下、成本高昂、结果主观等局限性。你是否也经历过以下挑战（图8-1）？

市场调研延迟	用户访谈局限	设计团队脱节	反馈分析困难
传统方法导致响应速度慢	样本大小局限导致洞察不足	设计与用户需求匹配不足	难以快速定位用户问题

图8-1 企业产品优化面临的挑战

（1）市场调研耗时费力，难以快速响应用户需求的变化。传统的市场调研方式，如问卷调查、实地访谈等，需要耗费大量的时间和人力，而且数据收集和分析的过程也较为烦琐，难以及时捕捉到用户需求的动态变化。

（2）用户访谈样本有限，难以全面了解目标用户的真实想法。由于时间和成本的限制，用户访谈的样本数量往往有限，无法涵盖所有的用户群体，导致对用户需求的了解不够全面和深入。

（3）设计团队闭门造车，产品功能与用户需求脱节。设计团队在进行产品设计时，可能缺乏对用户需求的深入了解，仅仅依靠自身的经验和想象，导致产品功能无法满足用户的实际需求。

（4）产品上线后，用户反馈不佳，却难以快速定位问题所在。产品上线后，如果用户反馈出现问题，传统的分析方法很难快速准确地找出问题的根源，从而影响产品的优化和改进。

别担心！AI产品优化如同为你配备了一位"用户需求捕手"，能够深入挖掘用户数据，预测用户偏好，并将这些信息转化为可执行的产品优化方案，让你的产品"更懂用户的心"，在市场上备受欢迎！

AI产品优化并非简单的功能叠加，而是以数据为基础，以用户为中心，以智能为手段，实现产品的持续迭代和价值提升。

AI能够通过三大技术，帮助企业进行迭代：

1. 数据

数据是AI进行产品优化的基石，AI可以有效地完成以下工作：

（1）分析并确定产品设计方向，避免因为信息匮乏、方向错误等导致突发情况产生。例如，通过分析大量的用户搜索数据和浏览记录，了解用户对产品功能和特性的关注重点，从而确定产品的设计方向。

（2）能够在设计之初很好地满足消费者需求，并对消费者的购买力进行估计和预判。比如，通过分析用户的消费行为数据和偏好数据，预测用户对不同产品价格的接受程度，以及对不同功能的需求强度。

（3）产品上线之后，能够对用户的使用行为进行搜集，并对其进行改进和升级，从而实现产品价值的最大化。通过跟踪用户在产品使用过程中的行为数据，如点击次数、停留时间等，发现产品存在的问题和用户的潜在需求，进而对产品进行优化和升级。

AI 分析不仅需要从客户本身入手，也需要和市场环境有效结合，避免闭门造车。可以通过以下方法来进行规避：

（1）有效应对市场的需求变化，增加产品价值。例如，关注行业动态和市场趋势，及时调整产品功能和特性，以满足市场的需求。

（2）对竞争对手的产品进行分析，有效规避产品缺点，学习其优点。例如，通过分析竞争对手产品的优势和劣势，借鉴其成功经验，避免自身产品出现类似的问题。

（3）通过产品对企业进行宣传，对品牌形象进行维护。优质的产品能够提升企业的品牌形象，通过产品的口碑传播，吸引更多的用户。

有了数据保障之后，还要充分发挥 AI 的数据处理和分析能力。

2. 用户

（1）构建多维度的用户画像，需要尽可能多地收集用户信息，保证推荐的精准性。例如，收集用户的年龄、性别、地域、消费习惯、兴趣爱好等多方面的信息，构建全面的用户画像，为个性化推荐提供依据。

（2）通过模型为用户匹配标签，保证用户和产品联系的准确性。例如利用机器学习算法，根据用户的行为数据和属性数据，为用户匹配相应的标签，如"高价值用户""潜在用户"等，从而实现精准营销和个性化服务。

（3）要保证产品在符合大部分用户需求的情况下，同时能够满足小部分用户的个性化需求，可以充分应用 A/Btest 来对小部分用户进行针对性调查。例如，针对不同用户群体推出不同版本的产品功能或界面设计，通过对比用户的使用反馈和行为数据，确定最优的产品方案。

3. 效率

（1）自动代码检测：规避 BUG。例如利用 AI 技术对代码进行自动检测，及时发现和修复代码中的错误和漏洞，提高产品的稳定性和可靠性。

（2）测试环境模拟：为测试人员构建测试平台，使其有效进行产品测试，从而能有效把控产品质量。例如通过模拟各种真实的使用场景和用户行为，对产品进行全面测试，确保产品在各种情况下都能正常运行。

（3）产品性能优化：降低用户等待时长。例如对产品的性能进行优化，如优化算法、提高服务器响应速度等，减少用户在使用产品过程中的等待时间，提升用户体验。

（4）用户行为预测：提供个性化的服务，提升用户体验。例如通过分析用户的历史行为数据，预测用户的下一步行为，为用户提供个性化的服务和推荐，增强用户对产品的黏性。

以上方式可以有效帮助企业对产品进行更高效的迭代和优化，保证产品的优势，从而长期服务用户（图 8-2）。

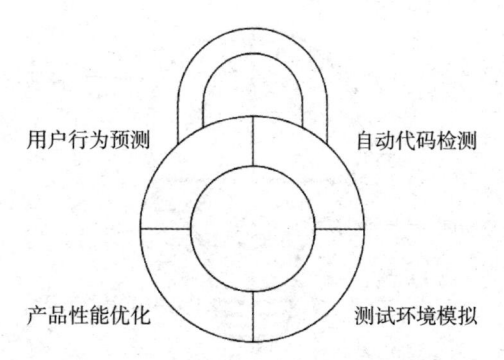

```
   用户行为预测        自动代码检测



   产品性能优化        测试环境模拟
```

图 8−2　提升产品质量与用户体验的战略方法

利用 AI 智能分析提升销量和口碑：

（1）销量提升：通过 AI 优化，可以显著提升用户体验，让产品更具吸引力。例如，通过个性化推荐和精准营销，将产品推送给真正有需求的用户，提高产品的曝光率和销售量。

（2）用户口碑提升：更懂用户的产品，自然会赢得更多的好评和推荐。当产品能够满足用户的需求和期望时，用户就会更愿意向他人推荐该产品，从而提升产品的口碑和知名度。

（3）营销成本降低：更好的产品能够减少营销推广的投入，实现更好的营销效果。优质的产品本身就具有较强的竞争力，不需要过多的营销推广就能吸引用户，从而降低营销成本。

AI 技术在不断发展，要在保护用户隐私的前提下，进行产品的持续创新，下面是对未来 AI 发展方向的预测及 AI 在产品开发中的角色（图 8−3）。

（1）AI 将成为你专属"产品经理"：更懂需求，更会创新。AI 能够深入分析用户需求和市场趋势，为产品创新提供有力的支持，帮助企业开发出更具创新性和竞争力的产品。

图 8-3　AI 在产品开发中的角色

（2）AI 将成为你贴心"体验设计师"：更个性化，更重视情感。AI 可以根据用户的个性化需求和情感偏好，设计出更符合用户心理需求的产品体验，增强用户与产品之间的情感连接。

（3）AI 将成为你全能"数据分析师"：更精准，更可视化。AI 能够快速、准确地处理和分析大量的数据，并以直观、可视化的方式呈现数据分析结果，为企业的决策提供有力的支持。

既要拥抱 AI，也要注重人性！在营销自动化的时代，不可忽视真诚的沟通和情感的联结，这才是真正能够打动人心的力量。

AI供应链管理：让你的货如闪电般到达

上一节中，我们学习了如何利用 AI 优化产品，让产品"更懂用户的心"。本节，我们将把目光投向幕后，探索如何利用 AI 优化供应链管理，让你的货物如闪电般到达，为用户带来极致的物流体验！

在竞争日益激烈的市场环境中，供应链效率成为决定企业成败的关键因素之一。高效的供应链能够降低运营成本、缩短产品交付周期、提升客户满意度，最终转化为实实在在的竞争优势。想要优化供应链，需要解决以下问题：

（1）需求预测不准，库存积压/短缺：难以准确预测市场需求，导致库存积压或缺货，影响用户体验和资金周转。传统预测方式无法及时捕捉市场变化，致使库存管理混乱。

（2）物流成本高昂：运输路线不合理、配送效率低下，导致物流成本居高不下。不合理的路线规划增加了运输时间和成本。

（3）信息传递滞后：供应链各个环节信息沟通不畅，导致响应速度慢，难以应对突发情况。信息的延迟传递影响决策效率和问题解决速度。

（4）风险应对能力不足：缺乏风险预警机制，难以应对供应商违约、自然灾害等突发事件。面对突发状况，企业难以及时采取有效措施（表8-1）。

表8-1　　　　传统与AI驱动的供应链管理对比

对比项	传统供应链管理	AI驱动的供应链管理
需求预测	依赖历史数据和人工经验，难以准确预测	AI分析海量数据（如销售数据、市场趋势、用户行为等），精准预测未来需求
库存管理	人工管理，难以实时监控库存情况，容易出现积压或短缺	AI实时跟踪库存情况，自动补货和调拨，优化库存结构
物流配送	运输路线规划不合理，配送效率低，成本高	AI优化运输路线，智能调度车辆和人员，提高配送效率，降低物流成本
信息共享	信息不对称，沟通不畅，决策滞后	AI实现供应链各环节信息的实时共享，提高协同效率
风险应对	缺乏风险预警机制，难以应对突发事件	AI分析供应链风险因素，提供预警信息，帮助企业做好应对准备

AI供应链管理如同为你打造一套"智能神经系统"，将供应链的各个环节紧密连接起来，实现信息的实时共享和智能化协同，让你的货物能够"快人一步"到达用户手中，赢得市场先机！

AI驱动的供应链管理，并非简单的自动化，而是对供应链的全面升级和优化。其贯穿于供应链的每一个环节，从需求预测到物流配送，从库存管理到风险控制，实现供应链的智能化、可视化和高效化。

AI如何赋能供应链的各个环节？

1. AI辅助需求预测：运筹帷幄，决胜千里

（1）销售数据：包括历史销量数据、订单数据、促销活动数据等。旨在预测未来一段时间内产品的市场需求量，指导企业制订合理的生产

计划和库存管理策略。例如,通过分析过去一年的销售数据,预测下一季度不同产品的销量,以便合理安排生产。

(2)市场趋势:包括行业报告、竞争对手动态、宏观经济数据等。旨在洞察市场发展趋势,帮助企业抓住市场机遇,规避市场风险。比如,依据行业报告预测新兴市场对某类产品的需求增长,提前布局生产。

(3)用户行为:包括浏览行为、搜索关键词、购买意向等。旨在了解用户的偏好和需求,为个性化推荐和精准营销提供依据。如分析用户搜索关键词,了解用户对产品功能的关注重点,优化产品推荐。

2. AI物流优化:智能调度,降本提效

(1)交通数据:包括实时路况信息、历史交通数据、节假日因素等。旨在规划最优运输路线,避开拥堵路段,缩短配送时间。例如,根据实时路况信息,为配送车辆规划避开高峰拥堵路段的路线。

(2)车辆信息:包括车辆类型、载重、油耗、维护记录等。旨在合理调度车辆,降低运输成本。比如,根据车辆载重和油耗情况,安排合适的运输任务。

(3)订单信息:包括用户收货地址、收货时间、商品类型等。旨在优化配送方案,提高配送效率。例如,根据用户收货时间和地址,合理安排配送顺序。

(4)仓库信息:包括仓库位置、存储容量、库存情况等。旨在合理安排货物存储和调拨,提高仓库利用率。如根据库存情况和仓库存储容量,优化货物存储布局。

3. AI库存预警:智能监控,避免损失

通过AI可以减少库存积压、避免产品过期、降低仓储成本。

通过AI进行销售监控:

（1）市场预测，合理控制库存：依据市场预测数据，调整库存水平，避免库存过多或过少。

（2）分析数据，进行更智能的决策：分析销售数据和库存数据，做出更科学的库存管理决策。

（3）分析仓库信息，制订更有效的仓储计划：根据仓库存储容量和货物特性，制订合理的仓储计划。

4. AI 实现供需平衡：快人一步，抢占先机

（1）掌握市场脉搏：预测未来市场需求变化，指导企业提前调整生产计划和库存策略。例如，预测到某产品需求将在未来几个月大幅增长，提前增加生产和库存。

（2）精准定位用户需求：根据用户行为和偏好，提供个性化的产品推荐和促销活动，提高销售转化率。如根据用户购买历史，推荐相关产品并提供专属优惠。

（3）优化产品组合：分析产品销售数据，发现畅销产品和滞销产品，优化产品组合策略。比如，减少滞销产品生产，加大畅销产品投入。

结合各个电商平台来看，智能补货正在成为一种趋势，通过对客户的有效认知，可以有效减少用户流失，从而对 AI 产品进行更加有效地运营。

AI 赋能，打造智能协同的供应链生态优点在于：

（1）提升协作效率：AI 平台能够有效串联起企业与各方，优化供应链整体效率。例如，AI 平台让供应商、生产商、物流商之间信息实时共享，协同工作。

（2）降低运营成本：AI 能够优化各个环节，从而降低成本。例如通过优化运输路线、合理安排库存等，降低物流和仓储成本。

我们以客户需求为核心，对企业各部门的 AI 应用维度提出了更高的要求（表 8-2）。

表 8-2　　　　　　　　　　AI 应用维度

AI 应用维度	描述	价值
需求预测智能化	通过 AI 模型分析历史销售数据、市场趋势、外部因素等，预测未来市场需求，从而合理备货	减少库存积压，降低运营成本，充分发挥各部门职能
生产管理自动化	将产品需求信息发送给生产部门，有效进行产品的生产和管理	提高效率
仓储物流智能化	货品在运输的过程中 AI 会实时对交通信息进行分析，提升运输效率，以保障货物能够安全送达	降低仓储物流成本，缩短交付周期，提升客户体验
供应商管理智能化	对现有供应商进行评估，选择更加优质的供应商，并对供应链进行有效管理，避免出现突发情况	保证供应链的可靠性，降低运营风险

AI 赋能供应链，不仅是技术的升级，更是运营理念的转变。只有始终坚持以客户为中心，不断优化供应链的各个环节，才能真正赢得市场的认可和用户的信任！

AI 应用进阶系列：图表说营销

AI智能决策：AI的"智慧大脑"，辅助决策的准确性与效率

在前几节中，我们学习了如何利用 AI 优化产品设计、供应链管理，如同为企业装上了"智能引擎"和"高效操作系统"。本节，我们将聚焦于企业管理的"大脑"，探索如何利用 AI 进行智能决策，让企业在每一个关键时刻都能做出最明智的选择，最终实现企业的高效运转，并为企业的可持续发展提供强有力的支持。

在当今复杂多变的市场环境中，企业决策面临着前所未有的挑战，传统的决策模式往往依赖于管理者的经验和直觉，缺乏科学的数据支持，容易受到主观因素和信息不全的影响。你是否也曾面临以下困境：

（1）决策效率低：市场信息瞬息万变，决策过程冗长烦琐，难以快速响应市场变化。例如传统决策流程需要经过多轮讨论和分析，耗费大量时间，错过市场先机。

（2）决策风险高：缺乏数据支持，决策容易受到主观因素影响，导致判断失误，风险较高。例如管理者的个人经验和直觉可能存在偏差，难以全面考虑各种因素。

（3）应急响应慢：面对突发事件，缺乏预警机制和应对方案，容易

造成损失。例如，遇到市场需求突然变化或竞争对手的突袭，无法及时做出有效应对。

（4）决策评估难：决策效果难以量化评估，难以持续优化改进。例如，缺乏科学的评估方法，无法准确判断决策的优劣，不利于后续决策的优化。

别担心！AI智能决策如同为你的企业配备了一个"智慧大脑"，能够分析海量数据、预测未来趋势、评估风险收益，为管理者提供科学、客观、全面的决策支持，让企业在复杂多变的市场环境中，始终保持正确的航向，并实现稳健增长（表8-3）。

表8-3 传统与AI决策对比

对比项	传统决策模式	AI智能决策
决策依据	依赖经验和直觉，缺乏数据支撑	海量数据驱动，如市场数据、用户数据、运营数据等
分析方法	人工分析，效率低、主观性强	AI自动化分析，快速高效，能够深入挖掘数据背后的规律和趋势
决策目标	目标设定较为模糊，难以量化	目标设定清晰明确，可量化评估
方案生成	依赖人工经验，方案数量有限，创新性不足	AI能够提供多种不同的决策方案，并评估各个方案的优缺点，对结果进行预测，从而为管理提供更多参考
风险评估	缺乏风险预警机制	AI能够预测潜在风险，如市场风险、财务风险、运营风险、政策风险等，并根据风险等级制定相应的应对措施
决策效率	决策流程烦琐，耗时耗力，难以快速响应市场变化	AI自动化决策，如自动调整定价、自动调整库存、自动调整广告投放等，大大提高决策效率

本节，我们将深入探讨 AI 如何赋能智能决策，让你掌握 AI 时代企业运营的"制胜之道"！

AI 智能决策：数据驱动，预测未来

AI 智能决策并非简单的"数据堆砌"，而是通过数据分析、智能建模和预测技术为企业决策提供全方位的支持，让决策更加科学、精准、高效。

AI 如何赋能智能决策？

（1）数据驱动：AI 能够从多渠道收集海量数据为决策提供全面的信息基础。例如通过整合企业内部的销售数据、财务数据以及外部的市场数据、行业数据等，为决策提供丰富的信息来源。

（2）用户画像洞察：AI 能够深入构建用户画像，了解用户的需求、偏好、痛点，为决策提供有力的数据支持。例如，通过分析用户的购买行为、浏览记录等，精准把握用户需求，为产品研发和营销策略制定提供依据。

（3）AI 算法赋能：利用 AI 算法对数据进行深度分析，挖掘潜在的规律和趋势。例如运用机器学习算法，分析市场数据，预测市场需求的变化趋势，辅助企业制订生产计划。

（4）风险预警机制：AI 能够构建风险预警模型，提前识别可能出现的问题，为企业赢得应对时间。例如通过对市场风险、财务风险等进行实时监测和分析，及时发出预警信号，帮助企业做好应对准备。

（5）情景模拟推演：AI 能够基于真实数据构建模拟场景，推演不同决策的结果，辅助决策者进行判断。例如，模拟不同的营销策略对市场份额和销售额的影响，帮助企业选择最优方案。

只要拥有这些"超能力",就能够在复杂的市场环境中做出更明智的决策,从而在竞争中占据优势地位(图8-4)。

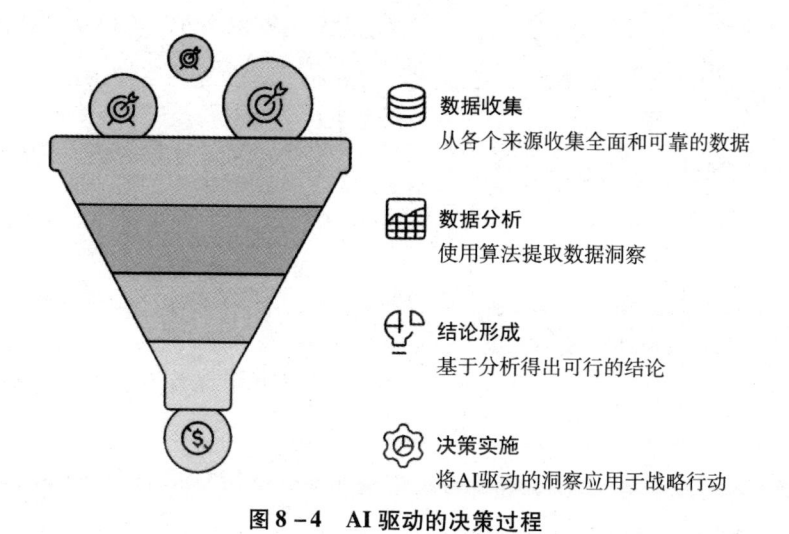

数据收集
从各个来源收集全面和可靠的数据

数据分析
使用算法提取数据洞察

结论形成
基于分析得出可行的结论

决策实施
将AI驱动的洞察应用于战略行动

图8-4 AI驱动的决策过程

AI智能决策应用场景:洞悉"决策密码"

有了AI的加持,企业的决策将不再仅依靠个人经验,而是能够依赖客观事实,从而提高决策的正确性。接下来,让我们深入了解AI在不同决策场景中的具体应用,探索其如何助力企业取得成功(表8-4)。

表8-4 AI智能决策应用场景

应用场景	具体描述	AI如何赋能
市场营销	制定营销策略、优化广告投放、个性化推荐等	AI通过分析市场数据、用户行为数据、竞争对手数据,预测市场趋势,精准定位目标用户,优化营销内容和渠道,提高营销转化率和ROI

续表

应用场景	具体描述	AI 如何赋能
产品研发	确定产品方向、优化产品设计、评估产品竞争力	AI 通过分析用户反馈、市场趋势、技术发展趋势，预测用户需求，辅助产品创新和设计，提高产品市场竞争力
供应链管理	预测需求、优化库存、降低物流成本、提高供应链效率	AI 通过分析销售数据、库存数据、物流数据等，预测未来需求，优化库存管理策略，智能规划物流路线，降低运营成本，提高供应链效率和响应速度
客户关系管理	客户分群、个性化服务、客户流失预警、客户生命周期管理	AI 通过分析客户画像、行为数据、偏好设置等，将客户划分为不同的群体，提供个性化的服务和关怀，预测客户流失风险，并采取相应措施挽回客户，提高客户忠诚度和 LTV（生命周期价值）
财务管理	财务风险评估、预算编制、投资决策、风险控制等	AI 通过分析财务数据、市场数据、宏观经济数据等，评估企业财务风险，优化预算编制，辅助投资决策，提高财务管理效率和风险控制能力，利用 AI 智能识别财务报表中的错误，提升效率

在营销的各个方面，AI 都可以为其提供更多支持，极大地提高了效率，解放了生产力。

AI 智能决策：降本增效，优化资源配置

AI 辅助决策是为了实现降本增效，那么如何利用 AI 优化资源配置？

1. 运营成本控制

（1）AI 辅助投放可以有效地评估转化效率，并根据结果及时做出

反馈。例如,在广告投放中,AI 能够实时监测广告效果,及时调整投放策略,提高广告转化率。

(2)将客户进行精准分层,从而实现更加高效的客户管理,降低客户流失率。例如通过分析客户数据,将客户分为不同层次,为不同层次的客户提供个性化服务,提高客户满意度和忠诚度。

2. 通过 AI 优化

(1)预测客户增长趋势、从而提前进行有针对性应对。例如根据市场数据和客户行为数据,预测客户增长趋势,提前布局市场,抢占先机。

(2)提高营销效率,为企业赋能。例如利用 AI 技术,实现营销内容的个性化定制和精准推送,提高营销效果,降低营销成本。

AI 营销是一场长期的进化之旅。唯有拥抱技术、持续学习、不断创新,才能在这场变革中赢得先机,最终实现品牌和销量的爆发式增长!在后续的内容中,我们将持续为大家提供支持,帮助大家持续学习成长。让我们一起用 AI 的力量,开启营销的新纪元!

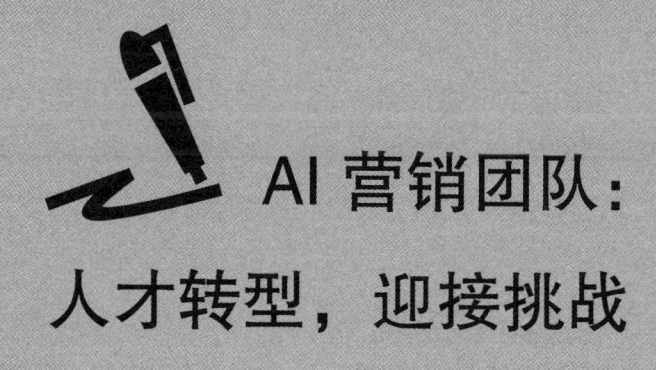

AI 营销团队：
人才转型，迎接挑战

> # AI时代人才需求：重塑营销大脑，迎接智能未来

至此，我们已经完成了对企业内部运营流程的"智能化改造"。然而，再精密的仪器也需要人来操控，再强大的AI系统也需要人来驾驭。在AI时代，营销团队的价值不会降低，而是会变得更加重要。

本章，我们将聚焦于AI营销团队的建设，探讨AI时代对营销人才的新要求，帮助企业打造一支能够熟练运用AI工具、掌握数据分析技能、具备创新思维的"精锐之师"，在智能化营销时代赢得竞争优势！

传统营销模式下，营销人才往往侧重于创意策划、渠道推广、客户关系维护等方面，缺乏对AI技术的了解和应用能力。你是否也曾面临以下困境：

（1）团队成员缺乏数据分析能力，难以从海量数据中提取有价值的信息。在如今数据爆炸的时代，无法有效处理和分析数据，就难以精准把握市场和用户需求。

（2）团队成员对AI营销工具了解不深，难以将AI的优势应用到实际工作中。不熟悉AI工具，就无法借助其提升工作效率和营销效果。

（3）团队成员创新思维固化，难以提出突破性的营销策略。在竞争激烈的市场中，缺乏创新思维就难以脱颖而出。

（4）团队成员难以适应快速变化的市场和技术环境。市场和技术日新月异，不能快速适应就会被淘汰。

别担心！本节中，我们将帮助你重新审视 AI 时代对营销人才的新要求，绘制一幅 AI 时代营销人才的"能力图谱"，帮助你打造一支能够真正驾驭 AI、引领营销未来的卓越团队！

重塑营销大脑：迎接 AI 营销新纪元

AI 时代的营销人才不再只是创意的生产者，更是数据的解读者、策略的制定者、流程的优化者。他们需要具备全新的知识结构和技能体系，从而在智能化营销时代游刃有余。

那么，AI 时代的营销人才究竟需要具备哪些核心能力呢？图 9-1 为 AI 时代营销人才能力模型。

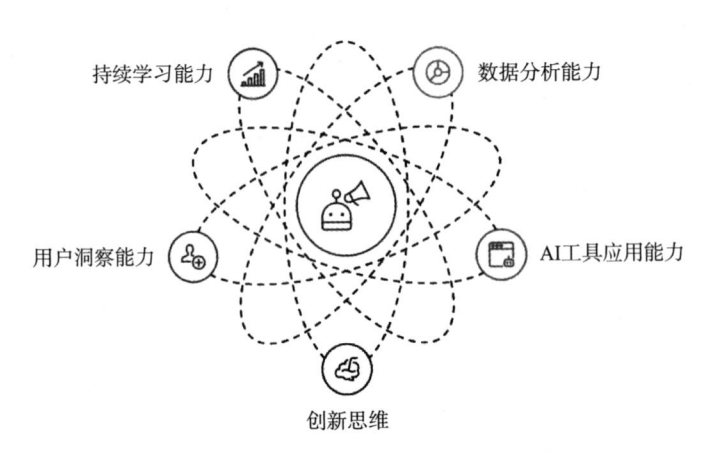

图 9-1 AI 时代营销人才能力模型

这五个方面组成了 AI 时代营销人才的"新画像",也是我们接下来将要重点探讨的内容(表 9-1)。

表 9-1　　　　　　　　AI 时代营销人才能力

核心能力	详细描述	重要性
数据分析能力	能够从海量数据中提取有价值的信息,洞察用户行为,预测市场趋势,为营销决策提供数据支持	是 AI 营销的基础,能够帮助企业更精准地了解市场和用户,提高营销活动的效率和效果
AI 工具应用能力	熟练使用各种 AI 营销工具,如 AI 内容生成工具、AI 数据分析工具、AI 广告投放工具等,并可以结合实际工作发挥工具的效用	能够提高营销效率,降低营销成本,并提升营销活动的效果
创新思维	具备创新精神,能够将 AI 技术与营销策略巧妙融合,探索新的营销方法和策略,并不断优化	推动营销模式创新,提升品牌竞争力,并在多变的市场环境中生存
用户洞察能力	能够深入了解用户的需求、偏好和行为模式,从而提供更精准、更个性化的服务,并在设计营销活动中有效贴合用户习惯,提升用户体验	提升用户满意度和忠诚度,建立长期稳定的客户关系,实现营销目标
持续学习能力	能够不断学习新的 AI 技术和营销方法,适应快速变化的市场环境,并且在发展过程中,保持激情和前进动力	确保营销团队始终保持竞争力,并在市场中持续创新,在 AI 时代不被淘汰

核心技能:玩转数据,驱动增长

数据是 AI 时代的"新石油"。营销人员只有具备敏锐的数据意识和扎实的分析技能,才能从海量数据中挖掘出有价值的信息,为营销决策提供有力的支持。

AI 时代的营销人员,需要掌握以下数据分析技能(图 9-2)。

AI 应用进阶系列：图表说营销

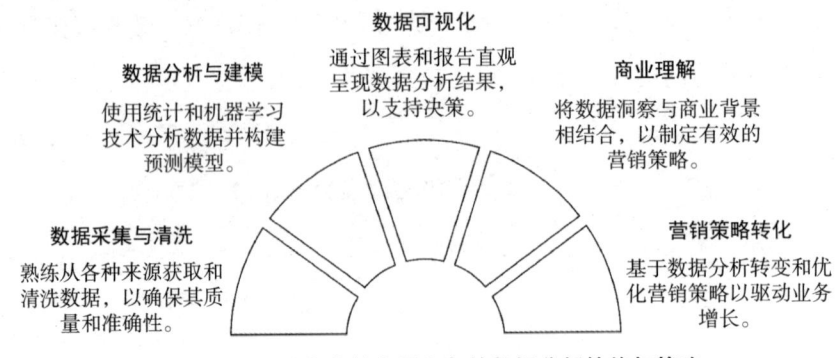

图 9-2　AI 时代营销人员必备的数据分析技能与策略

（1）数据采集与清洗能力：熟悉各种数据采集工具和方法，能够从不同渠道获取数据，并进行清洗、整理、转换等处理，确保数据的质量和准确性。比如使用网络爬虫技术从社交媒体平台采集用户评论数据。

（2）数据分析与建模能力：掌握常用的数据分析方法，如统计分析、机器学习、数据挖掘等，并能够利用这些方法构建模型，分析用户行为、预测市场趋势。例如运用机器学习算法分析用户购买历史，预测用户复购的时间和产品。

（3）数据可视化能力：能够将数据分析的结果以图表、报告等形式进行可视化呈现，使数据更加直观易懂，方便决策者理解和使用。例如使用柱状图展示不同产品的销售数据对比。

（4）商业理解能力：能够将数据分析的结果与实际的商业场景相结合，提出有针对性的营销策略和建议。例如根据用户需求分析结果，调整产品定价和促销策略。

（5）营销策略转换能力：能够依据数据分析的结果，制定和调整具体的营销策略，将数据洞察转化为可执行的营销计划，选择合适的营销渠道，设计个性化的营销内容，以及优化营销活动的各个环节。

AI 工具：解锁营销效率，提升工作效能

AI 营销工具层出不穷，只有熟练掌握这些工具，才能在日常工作中游刃有余，提高工作效率，释放更多创造力。

AI 时代的营销人员，需要掌握以下 AI 工具（表 9-2）。

（1）AI 内容生成工具：能够快速生成营销文案、图片、视频等素材，提高内容生产效率。如利用 AI 写作助手快速生成产品推广文案。

（2）AI 数据分析工具：能够快速分析用户数据、市场数据、竞争对手数据等，洞察用户需求和市场趋势。例如通过 AI 数据分析工具分析竞争对手的广告投放策略。

（3）AI 广告投放工具：能够实现精准广告投放、智能出价、实时优化，提高广告效果。例如运用 AI 广告投放工具，根据用户画像精准投放广告。

（4）AI 客户关系管理工具：能够实现客户细分、个性化沟通、智能服务，提升客户满意度和忠诚度。例如借助 AI 客户关系管理工具，为不同客户提供个性化的服务。

表 9-2　　　　　　　　　　AI 工具类型

AI 工具类型	工具名称	核心功能	应用场景
AI 内容生成	稿定设计、创客贴、腾讯 Effidit	快速生成营销文案、海报、短视频等多种形式的内容，提高内容生产效率	社交媒体营销、内容营销、电商推广等
AI 数据分析	百度统计、诸葛 IO、GrowingIO	收集、分析用户行为数据、市场数据、竞争对手数据等，洞察用户需求和市场趋势	用户画像构建、渠道效果评估、营销活动优化等

续表

AI 工具类型	工具名称	核心功能	应用场景
AI 广告投放	巨量引擎、腾讯广告、百度营销	实现精准广告投放、智能出价、实时优化等功能，提高广告效果和 ROI	精准定位目标用户，提高广告点击率和转化率
AI 客户关系管理	销售易、纷享销客、腾讯企点	实现客户信息整合、客户行为追踪、个性化沟通、自动化服务等功能，提升客户满意度和忠诚度	客户细分管理、个性化营销、智能客服等

营销创新：拥抱变革，破局而生

AI 时代，营销不再只是简单的执行和复制，而是需要不断地创新和突破，才能在激烈的竞争中赢得先机。

AI 时代的营销人员，需要具备以下创新能力：

（1）打破思维定式：勇于挑战传统营销模式，探索新的营销方式。例如利用 AI 技术创建新的互动形式。又如利用 AI 创建虚拟偶像进行品牌代言和互动营销。

（2）跨界融合：能够将 AI 技术与其他领域的知识相结合，创造出独特的营销策略。例如将游戏化营销与 AI 技术相结合，提升用户参与度。又如设计 AI 互动游戏，让用户在游戏中了解和体验产品。

（3）快速迭代：能够快速尝试新的营销方案，并根据数据反馈及时进行调整和优化，提升营销效果。例如在社交媒体上进行营销活动测试，根据用户反馈迅速调整活动方案。

用户至上：以人为本，洞悉人心

AI 营销的终极目标是更好地服务用户。营销人员需要具备敏锐的用户洞察能力，才能真正了解用户的需求，创造出让用户满意的营销体验。

（1）理解用户：只有理解用户才能走入用户的内心世界。只有具备同理心，从用户的角度出发思考问题，才能真正了解用户的需求和痛点。例如站在用户角度思考产品购买流程是否便捷。

（2）用户调研：旨在从数据中发现用户的行为密码。掌握用户调研方法，通过问卷调查、用户访谈等方式收集数据，了解用户对产品和服务的看法和建议。

（3）用户反馈：针对用户反馈要及时采取手段，进行用户维护。例如关注用户在社交媒体、评论区、客服中心等渠道的反馈，并及时进行处理和回应。又如对用户在社交媒体上的负面评价及时回复并解决问题。

AI不仅能够提升营销效率，更能够帮助我们与用户建立信任和情感连接！

请记住，AI赋能，人才是关键。

在下一节，我们将深入探讨如何打造一支卓越的AI营销团队，让这些掌握AI技能的人才能够在企业中发光发热，为企业创造更大的价值！让我们共同迎接智能化营销的未来！

打造AI营销团队：高效协同，成就卓越

在 AI 营销时代，拥有掌握 AI 技能的营销人才只是第一步。如何将这些人才凝聚成一支高效协同、战斗力爆表的队伍，才是赢得市场竞争的关键。本节，我们将聚焦于如何打造 AI 营销团队，让这支团队能够充分发挥 AI 的力量，最终实现营销的卓越成就！

以往，营销团队的组织架构往往比较传统，团队成员之间的协作效率较低、信息传递不及时，难以应对快速变化的市场环境。你是否也曾面临以下困境：

（1）部门墙严重：团队成员之间缺乏有效沟通，信息难以共享。如不同部门各自为政，导致信息流通不畅，影响工作推进。

（2）职责不清晰：分工不明确，容易导致工作重复或责任推诿。如工作任务分配模糊，出现问题时相互扯皮。

（3）决策流程烦琐：耗时费力，难以快速响应市场变化。如冗长的决策流程使企业错过市场机遇。

（4）缺乏统一的工作平台：团队成员难以协同完成任务。如没有统一平台，成员之间协作困难，工作效率低下。

(5) 团队绩效难以量化：难以对团队成员进行有效激励。如缺乏科学的绩效评估，无法充分调动成员积极性。

构建 AI 营销团队绝非简单的人员堆砌，而是需要对团队的组织架构、协作方式、激励机制进行全面的升级和优化，打造一个能够充分发挥 AI 力量的高效团队（表 9-3）！

表 9-3　　　　　　　　传统与 AI 营销团队对比

对比项	传统营销团队	AI 营销团队
组织架构	部门壁垒明显，协作沟通困难	扁平化组织架构，强调跨部门协作，促进信息共享和知识流动
团队角色	角色单一，技能结构有限，难以应对 AI 时代的挑战	角色多样化，技能结构互补，既有熟悉营销理论的专家，也有掌握 AI 技术的人才
协作方式	依赖邮件、会议等传统方式，效率低下	利用 AI 协作平台，实现任务自动分配、进度实时跟踪、文档在线共享，提高协作效率
决策方式	依赖经验和直觉，缺乏数据支持，难以做出科学决策	基于 AI 数据分析和预测，辅助决策，提高决策的准确性和效率
绩效评估	绩效评估指标单一，难以全面反映团队贡献	绩效评估指标多样化，既关注销售额、转化率等结果性指标，也关注内容质量、用户互动等过程性指标

AI 驱动：打造 AI 营销团队的"最强阵容"

在 AI 时代，一个卓越的营销团队需要各种不同角色的人才协同配合，才能充分发挥 AI 的力量，实现营销目标。那么，AI 营销团队的"标准配置"应该包含哪些角色呢（图 9-3）？

用户关系维护专家
与用户互动以维护良好的客户关系。

营销策略专家
负责制定整体营销策略和目标。

技术运营专家
管理AI营销工具以确保其有效运行。

数据分析师
分析数据以评估营销效果和识别用户需求。

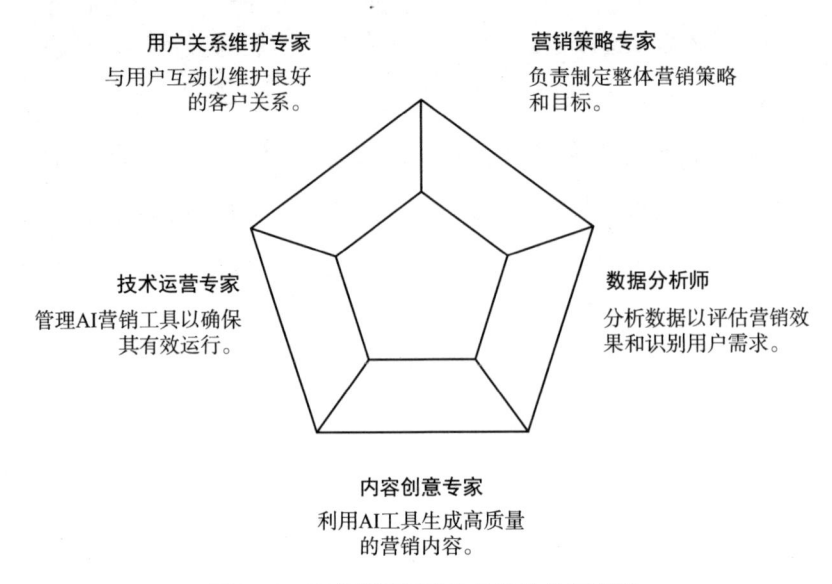

内容创意专家
利用AI工具生成高质量的营销内容。

图 9-3 高效营销团队的关键角色与职责

（1）营销策略专家：负责制定整体营销策略，明确营销目标，规划营销活动；需要具备敏锐的市场洞察力和战略思考能力。例如，根据市场趋势和竞争对手分析，制订年度营销计划。

（2）数据分析师：负责收集、整理、分析营销数据，挖掘用户需求，评估营销效果；需要掌握数据分析工具和方法，能够从数据中发现价值。例如通过分析用户购买行为数据，找出潜在的高价值客户群体。

（3）内容创意专家：负责利用 AI 工具生成优质的营销内容，如文案、图片、视频等；需要具备良好的创意能力和内容制作技能。例如运用 AI 绘画工具生成产品宣传海报。

（4）技术运营专家：负责管理和维护 AI 营销工具，确保工具的正常运行和高效应用；需要具备扎实的技术基础和系统管理能力。例如保障 AI 广告投放工具的稳定运行。

（5）用户关系维护专家：负责与用户进行沟通和互动，了解用户的需求和反馈，维护良好的客户关系；需要具备良好的沟通能力和服务意识。如及时回复用户在社交媒体上的咨询和投诉。

只有不同角色各司其职，才能组成最优秀的团队。团队成员的共同进步才是企业发展的动力源泉。

AI 团队合作：构建高效运转的"齿轮"

有了精锐的团队成员，如何才能让他们高效协同，形成强大的合力？高效的协作机制至关重要！AI 工具赋能高效协同，可以从以下几个方面入手。

（1）任务管理：可以利用项目管理工具（如 Trello、Asana 等）进行任务分配、进度跟踪，确保每个成员都清楚自己的职责和任务，避免工作重复或遗漏。例如通过 Trello 为每个成员分配具体的营销任务，并实时跟踪进度。

（2）信息共享：可以建立统一的信息共享平台，以便团队成员随时查阅资料、分享经验，从而减少信息传递的障碍，提高协作效率。例如搭建企业内部的知识库平台，方便成员共享营销案例和资料。

（3）智能沟通：可以利用智能沟通工具（如 Slack、钉钉等）进行实时沟通、文件传输，确保信息及时传递和有效互动，让成员之间沟通更高效。例如通过钉钉进行团队会议和文件共享。

（4）知识沉淀：可以建立团队知识库，记录成功案例、失败经验、最佳实践，以便团队成员学习和借鉴，实现知识的积累和传承。例如将成功的营销活动案例整理成文档，存入团队知识库。

AI应用进阶系列：图表说营销

AI——营销团队的"黏合剂"，让成员之间高效协作，信息无缝流动，共同为营销目标努力（表9-4）！

表9-4　　　　　　　　　AI团队合作协作机制

协作机制	详细描述	AI应用
统一协作平台	搭建统一的协作平台，以便团队成员共享信息、分配任务、跟踪进度	利用AI技术实现智能任务分配、自动化进度提醒、文档在线协同编辑等
智能沟通工具	利用AI智能沟通工具，促进团队成员实时沟通、文件传输、信息共享	AI聊天机器人自动回复常见问题、智能翻译、会议纪要自动生成等
知识库构建	建立团队知识库，记录成功案例、失败经验、最佳实践，实现知识的积累和传承	AI自动抓取和整理知识、智能搜索、个性化推荐等

AI营销团队并非一成不变的，而是需要不断进化，才能适应快速变化的市场环境。还需要构建持续学习机制，让团队成员始终保持敏锐的洞察力和创新能力。

接下来，我们将从数据分析、案例复盘、头脑风暴等方面，为大家介绍如何构建团队的学习文化（图9-4）。

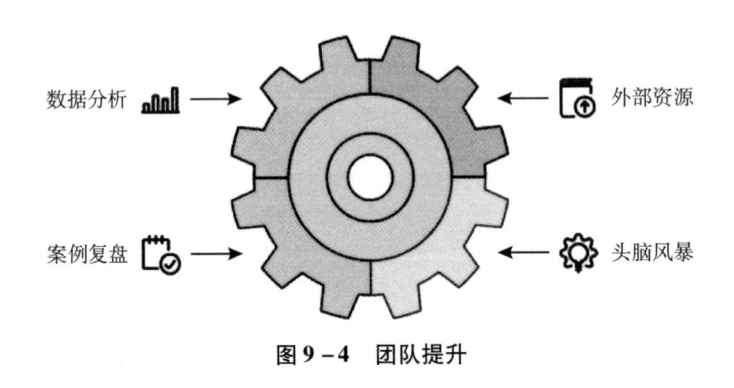

图9-4　团队提升

（1）数据分析驱动：团队成员需要共同学习数据分析工具和方法，掌握从数据中发现问题、解决问题的能力。例如定期组织数据分析培训，提升成员的数据处理能力。

（2）案例复盘学习：定期组织案例复盘会议，邀请成功项目的负责人分享经验、总结教训，并将这些经验沉淀到团队知识库中。例如每季度召开案例复盘会，促进成员相互学习。

（3）鼓励头脑风暴：营造开放和鼓励创新的氛围，鼓励团队成员积极参与头脑风暴，碰撞创意火花，探索新的营销方式。例如每月组织头脑风暴活动，激发成员的创新思维。

（4）外部学习资源：鼓励团队成员参加行业会议、培训课程，以获取最前沿的营销知识和技术。例如为成员提供参加行业研讨会的机会，拓宽视野。

在AI时代，人才不再是成本，而是战略资产。打造一支卓越的AI营销团队，能够为企业带来持续的竞争优势，有助于企业实现可持续发展！

本节，我们主要讲述了AI营销团队中应该包含哪些人才，以及该如何培养团队之间的协同能力。下一节中，我们将深入探讨AI时代如何保持持续学习，保持竞争力。

持续学习、保持竞争力：AI时代，你的成长永无止境

上一节中，我们如同"工程师"，搭建了AI营销团队的"骨架"，并构建了高效的协作机制。本节，我们要为这支团队注入"源源不断的动力"——持续学习。唯有不断学习，才能适应AI技术的快速发展，才能在激烈的市场竞争中保持领先，才能成就卓越！

在AI营销领域，唯一不变的就是变化。AI技术日新月异，昨天的"金科玉律"，今天就可能已经过时。若不持续学习，那么营销人员将难以跟上时代的步伐，最终被淘汰。你是否也曾感受到：

（1）新的AI营销工具和技术不断涌现：面对层出不穷的新工具，如新型AI广告投放平台、AI内容生成工具等，难以快速掌握。

（2）用户的需求和行为快速变化：用户喜好和消费习惯不断更迭，传统营销方式难以满足。

（3）竞争对手不断采用新的AI技术：对手利用AI实现精准营销，自身却因技术滞后而失去市场份额。

别担心！本节，我们将深入探讨如何在AI时代打造持续学习的机制，让你的团队始终保持敏锐的洞察力、强大的适应能力以及不断进步的动力，最终在竞争激烈的市场中赢得胜利！

AI 时代：学习力才是核心竞争力

在 AI 时代，"学习力"已经成为组织和个人最核心的竞争力。唯有持续学习，才能适应快速变化的环境，抓住新的发展机遇。让我们思考以下几个问题：

（1）AI 技术发展如此迅猛，如何才能及时了解最新动态？

（2）市场环境瞬息万变，如何才能快速调整营销策略？

（3）竞争对手不断创新，如何才能保持领先优势？

（4）用户需求日益个性化，如何才能更好地满足用户期望？

答案都指向同一个结论：持续学习（表 9-5）！

表 9-5　　　　　　　　　　AI 时代发展维度

维度	具体描述	应对策略
技术发展	AI 技术日新月异，新的算法、新的工具、新的应用层出不穷。如果不及时学习和掌握这些新技术，就难以在竞争中保持优势	积极关注行业动态，订阅专业博客、参加技术会议，掌握最新的 AI 技术和工具
市场变化	市场环境瞬息万变，用户的需求和行为不断变化。如果不及时了解这些变化，就难以制定有效营销策略	建立数据驱动的营销体系，利用 AI 工具收集和分析用户数据，洞察用户需求，及时调整营销策略
竞争对手	竞争对手也在不断学习和应用新的 AI 技术，如果不持续学习和创新，就容易被竞争对手超越	密切关注竞争对手的动态，分析他们的营销策略和技术应用，学习他们的成功经验，规避他们的失败教训
用户需求	用户对个性化、智能化的营销体验需求越来越高，如果不持续学习和提升，就难以满足用户的期望	利用 AI 技术构建用户画像，提供个性化的产品推荐、内容定制和客户服务，满足用户的个性化需求

续表

维度	具体描述	应对策略
职业发展	AI 技术的应用正在改变营销人员的工作内容和技能要求，如果不及时提升自身的技能，就容易被 AI 工具取代	主动学习 AI 技术和营销理论，提升数据分析能力、创新思维和用户洞察能力，成为懂营销、会技术的复合型人才

持续学习不仅是个人的成长之路，也是企业的发展之道！

AI 驱动：构筑团队知识体系，激活学习引擎

在 AI 时代，学习不再是单打独斗，而是需要构建团队知识体系，实现知识的共享和传承，才能真正激活团队的学习引擎。

AI 可以从以下几个方面入手，帮助企业构建团队知识体系：

（1）构建智能知识库：集中存储团队成员积累的知识成果，方便快速检索和学习。例如将过往成功营销案例、数据分析报告等存入知识库。

（2）构建 AI 知识图谱：可以有效总结归纳内容，保证知识的易得性。例如将营销知识结构化，方便成员快速理解和运用。

（3）学习资料推荐：根据职位的不同，为每一位员工推送其所需要的学习资源。例如为数据分析师推送最新的数据分析算法资料。

（4）提供实践演练平台：提供学习和练习的环境，将学习内容与实际工作相结合，从而巩固学习成果。例如搭建模拟营销场景，让成员实践 AI 营销工具的应用。

如何帮助团队成员更好地掌握 AI 技能，并将其应用于营销实践中（图 9-5）？

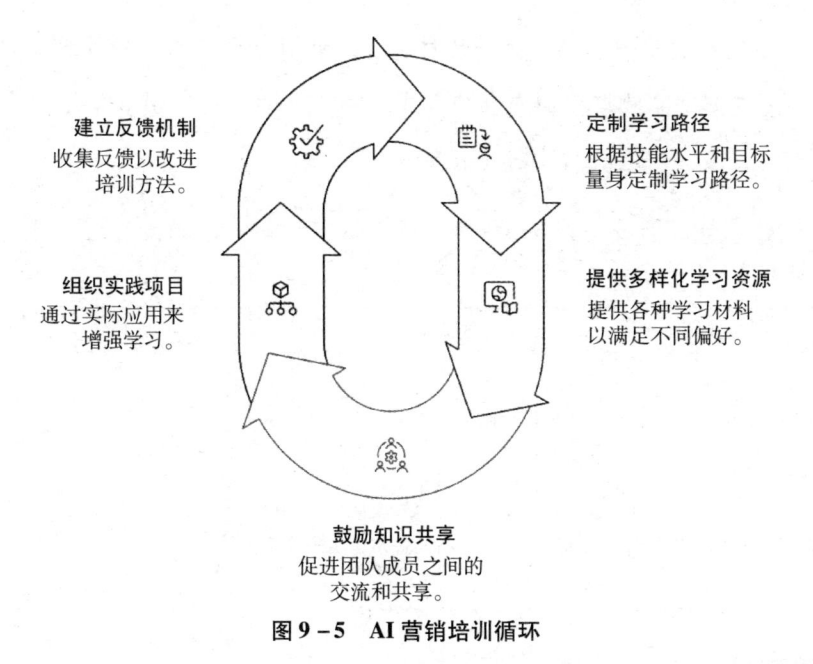

建立反馈机制
收集反馈以改进
培训方法。

定制学习路径
根据技能水平和目标
量身定制学习路径。

组织实践项目
通过实际应用来
增强学习。

提供多样化学习资源
提供各种学习材料
以满足不同偏好。

鼓励知识共享
促进团队成员之间的
交流和共享。

图9-5 AI营销培训循环

（1）定制学习路径：根据团队成员的技能水平和学习目标，制定个性化的学习路径，确保学习内容的针对性和有效性。例如为新手营销人员制定从基础AI工具使用到营销策略制定的学习路径。

（2）提供多样化学习资源：为团队成员提供各种形式的学习资源，如在线课程、技术博客、行业报告、案例分析等，满足不同学习偏好。例如分享知名营销专家的博客文章和线上课程。

（3）鼓励知识共享：鼓励团队成员分享学习心得、实践经验、问题解决方案，促进团队内部的知识交流和共同进步。例如定期组织知识分享会，让成员分享AI营销实践中的技巧。

（4）组织实践项目：组织团队成员参与实际的AI营销项目，在实践中应用所学知识，解决实际问题，提高技能水平。例如安排成员参与AI驱动的广告投放项目。

(5) 建立反馈机制：建立及时的反馈机制，了解团队成员的学习情况，并根据反馈调整培训内容和方式。例如定期收集成员对学习内容和方式的反馈，优化培训计划（表9-6）。

表9-6　　　　　　　　　　　学习机制

学习机制	详细描述	目标
构建智能化学习平台	将团队的学习经验与资料全部上传至平台，方便成员随时随地学习，并且与实际情况相结合	节省学习成本，方便信息查阅，进行数据信息结构化
鼓励分享学习心得	团队成员分享学习心得和实践经验，促进团队成员之间的共同进步，实现共同成长	实现知识传递，在团队内部形成良好的学习氛围
定期进行培训交流	与行业专家进行交流探讨，为员工赋能	保证信息的及时更新，不与时代脱轨
建立反馈机制	定期检查员工的学习情况，并对学习成果进行评估	帮助员工发现自身的不足，并进行针对性的学习

总而言之，有了共享精神才能更有效地形成凝聚力。

点燃学习激情：构建激励机制，激发学习动力

除了良好的学习氛围，还需要建立合理的激励机制，才能真正激发团队成员的学习热情，并将学习成果转化为实际的营销效益（图9-6）。

(1) 将学习成果与绩效考核相结合：鼓励团队成员通过学习提升工作效率和业绩。例如将AI工具使用熟练度、数据分析能力提升等纳入绩效考核指标。

图 9-6　激励机制

（2）设置学习奖励基金：对积极参与学习、分享知识、贡献创意的团队成员给予奖励。例如对分享优质 AI 营销案例的成员给予奖金激励。

（3）为团队成员提供更多的学习和发展机会：如参加行业会议、申请培训课程、参与创新项目等。例如为表现优秀的成员提供参加国际营销峰会的机会。

（4）构建企业内部讲师团队：鼓励优秀员工分享经验和技能，打造互助学习的文化氛围。例如选拔在 AI 营销领域有突出经验的员工担任内部讲师。

通过表彰和奖励，可以激发团队成员的学习热情，并将学习内化为自我提升的动力。

数据和图表只是辅助，切忌急功近利。在营销活动中，我们要注重长期发展，而不能只注重眼前的利益，要将 AI 工具和人工的思考相结合，为用户提供更好的服务，从而与客户建立更为稳定的关系。

希望这节内容能够帮助大家更好地进行团队管理，打造优秀的 AI 营销团队，从而在接下来的工作中更有效率（表 9-7）。

表 9-7　　　　　　　　　　重点总结

核心要素	具体描述	实践方法
明确学习目标	制订清晰的学习目标，如掌握 AI 工具、提升数据分析能力、学习营销知识等	建立个人或团队学习计划，细化学习目标，并根据实际情况进行调整
优化学习方式	善用 AI 推荐个性化学习内容构建学习型社群，保证在合理的环境下进行有效学习	AI 学习资料推送；保证学习时间与交流频率；AI 辅助实践：构建模拟的营销场景，让团队成员在实践中巩固所学知识，并根据实际情况进行改进
建立激励机制	将学习成果与绩效考核挂钩，设置学习奖励基金，提供外部学习机会，构建企业内部讲师团队等，从而提高企业员工对 AI 营销的掌握，并进行合理应用	考核结果和实际收益进行挂钩，奖惩分明；学习成果计入考核；员工之间建立互助小组

打造学习型企业：AI赋能，让企业在AI时代持续成长

在前三节中，我们如同"园丁"，为AI营销团队选育人才、搭建架构、注入学习动力。本节，让我们从更高维度出发，探索如何将学习融入企业文化，打造一个真正的"学习型组织"，让学习不再只是个人的任务，而是成为整个企业的共同追求，最终在AI时代实现可持续发展！

构建学习型企业，需要自上而下的推动，需要制度和文化的保障，需要技术和工具的支撑，更需要每一位员工的积极参与。传统的企业管理模式，难以满足这些要求，往往面临以下挑战（图9-7）。

知识难以沉淀和共享
经验教训和知识传承面临挑战。

学习资源分散
难以整合和找到有价值的学习材料。

学习氛围不足
缺乏鼓励和参与的学习环境。

学习内容与工作脱节
学习与工作职责之间的差距导致应用程序不足。

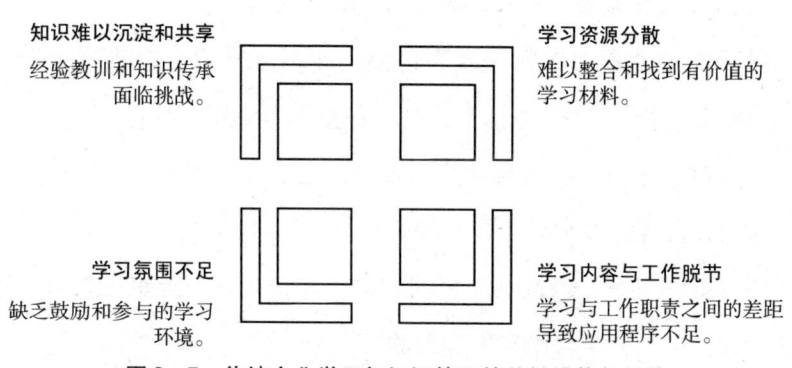

图9-7 传统企业学习与知识管理的关键挑战与对策

（1）学习资源分散：难以整合，很难找到有价值的信息。例如企业内部各部门的学习资料各自为政，员工花费大量时间筛选。

（2）学习内容与工作脱节：学习之后不会应用，导致浪费时间。例如学习的理论知识无法与实际工作场景结合，无法发挥作用。

（3）学习氛围不足：员工参与度不高，对学习不重视、不投入。例如企业缺乏鼓励学习的环境，员工缺乏学习的积极性。

（4）知识难以沉淀和共享：难以传承，容易丧失珍贵经验。例如员工离职或岗位变动后，其积累的经验难以被其他员工获取。

在本节，我们将深入探讨如何利用 AI 技术，将学习融入企业的 DNA，打造一个能够持续学习、不断进化的"学习型企业"，让企业在 AI 时代始终保持活力和竞争力！

拥抱未来：重塑企业文化，点燃学习激情

打造学习型企业，需要先转变观念。只有将学习视为企业发展的核心动力，融入企业的文化之中，才能真正激发员工的学习热情。

AI 时代，企业需要构建一种怎样的学习文化？

（1）拥抱变化：将变化视为机遇，而不是挑战，能够接受新鲜事物。例如面对新的 AI 营销技术，员工积极学习应用。

（2）持续学习：积极鼓励员工进行自主学习。例如企业为员工提供学习时间和资源，鼓励员工自我提升。

（3）知识共享：鼓励员工之间知识传递和共享。例如建立内部知识分享平台，员工分享营销案例和经验。

（4）鼓励创新：鼓励员工进行创新，并提供容错空间。例如对员工

提出的新营销创意给予支持,允许失败。

(5)成果应用:确保学习成果能够有效转化为企业效益。例如将学习到的 AI 营销技巧应用到实际营销活动中,提升业绩。

明确目标之后,企业还需要建立有效机制,才能保证转型的顺利进行(表9-8)。

表9-8　　　　　　　　企业运营核心机制

核心机制	详细描述	AI 应用
领导示范	领导者积极参与学习,分享学习心得,营造浓厚的学习氛围	领导者利用 AI 工具辅助学习,并在决策中积极应用 AI 技术
全员参与	鼓励所有员工参与学习,提供普惠式的学习资源和平台	AI 平台根据不同岗位和技能水平,为员工制订个性化学习计划
知识共享	建立知识管理平台,方便员工共享知识、经验和最佳实践	AI 知识图谱自动整理和分类知识,提高搜索效率
创新实验	鼓励员工运用所学知识,参与创新项目,探索新的业务模式和营销策略	AI 辅助创意生成,并对不同方案进行模拟评估,降低试错成本
成果反馈	建立有效的反馈机制,及时评估学习成果,并根据反馈调整学习计划	AI 自动跟踪员工学习进度,并对学习效果进行量化评估

AI 助力企业打造"智慧学习平台"

平台是学习的载体,能为用户提供更多便利。既要有好的平台,也要保证内容优质且可靠。

想要构建优秀的学习平台,需要做到以下几点。

(1)明确企业需求:需要对市场和自身有清晰的认知。例如分析市场趋势和企业短板,确定学习重点。

（2）构建全面的课程体系：要根据市场变化和战略需求，建设知识库，保证资源充足。这涵盖 AI 营销、数据分析、用户洞察等多方面课程。

（3）个性化学习方案推荐：根据员工不同的岗位，职能，还有能力来制定不同的培训方案，因材施教，从而保证学习效率最大化。例如为营销策划岗位员工推荐创意生成和营销策略课程。

（4）搭建互动交流社区：让员工在社区中互动，进行心得交流，并且及时答疑解惑，帮助员工更好地进行知识吸收。例如员工在社区中分享学习心得和工作难题，共同解决。

在拥有了平台之后，更要对平台的学习内容进行有效运营，以保持平台的活力（表9-9）。

表9-9　　　　　　　　　　AI平台运营策略

运营策略	内容描述	AI应用
优质内容建设	不断更新学习资源，保证信息的时效性	AI自动抓取行业动态，并进行内容整合与推送
个性化内容推荐	为员工推荐个性化的学习内容，提高学习效率	AI分析员工的学习记录和兴趣偏好，推荐相关的学习资源
互动社区运营	定期组织线上讨论、线下分享等活动，促进员工交流与合作，增强团队凝聚力	AI自动识别社群热点话题，并推荐相关专家或资源

有了这些，平台才能长久地存活下去，当然也需要合理的考量。要始终坚信，人才，才是企业最核心的资产，人才的价值提升，才是企业发展的原动力。

如何才能看到员工的成长？这就需要建立有效的评估体系。

AI驱动学习效果评估：量化学习成果，驱动持续改进

效果评估能够保证后续方向的正确性。

AI驱动学习效果评估，能够从多个维度量化团队的进步，并为后续学习提供明确的指导。主要从以下几个方面入手（图9-8）。

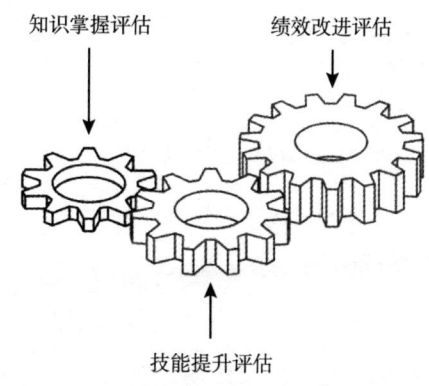

图9-8　团队成员的AI技能评估

（1）知识掌握评估：通过在线测试、问卷调查等方式，评估团队成员对AI技术和营销知识的掌握程度。例如定期组织AI营销知识在线测试。

（2）技能提升评估：通过实际项目演练、案例分析等方式，评估团队成员在营销实践中应用AI技术的能力。例如观察员工在AI营销项目中的表现。

（3）绩效改进评估：分析团队成员在学习前后的绩效数据，评估学习对业绩提升的贡献。例如对比学习前后员工的销售额、转化率等数据。

在实践中如何进行企业管理（表9-10）？

表9-10　　　　　　　　转型方向下的企业管理

转型方向	具体描述
组织保障	进行团队建设和岗位匹配，并且制定责任划分机制，做好员工管理
资源支持	对内部平台进行支持，并且为员工提供专业的平台进行学习提升
技术支撑	为现有的技术团队提供培训，并且定期进行考核，同时对团队进行技术升级，保证员工可以使用最新技术
文化氛围熏陶	制定分享制度，不断学习新的思想，从而保证企业能够可持续发展

AI仅仅是工具，学习的主体仍然是人。唯有将AI的强大功能与人类的智慧相结合，才能真正激发团队的创造力，并最终实现企业的目标。

AI时代的竞争本质上是人才的竞争，是学习力的竞争。打造一个持续学习、不断进化的学习型企业，是企业在智能化时代立于不败之地的关键！

下一章，我们将共同展望AI营销的未来，探索其中的机遇与挑战，并思考如何应对可能出现的风险，最终实现AI营销的可持续发展，敬请期待！

AI 营销未来：
机遇与挑战并存

> ## AI营销趋势展望：未来已来，你准备好了吗

一路走来，我们如同"探险者"，深入挖掘了 AI 营销的各个领域，从用户洞察到团队建设，从内容创作到流程再造。而现在，让我们站在时代的浪潮之巅，放眼未来，共同展望 AI 营销的无限可能，并思考如何在这场变革中赢得先机！

传统的营销模式正在逐渐没落，AI 营销的时代已经悄然降临。你是否已经做好准备，迎接这场变革（图 10-1）？

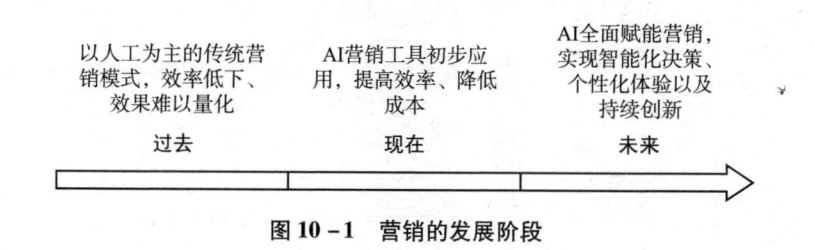

过去	现在	未来
以人工为主的传统营销模式，效率低下、效果难以量化	AI营销工具初步应用，提高效率、降低成本	AI全面赋能营销，实现智能化决策、个性化体验以及持续创新

图 10-1 营销的发展阶段

本节，我们将深入探讨 AI 营销的未来趋势，让你对未来营销的发展方向有更清晰的认识，从而更好地把握市场机遇，在竞争中立于不败之地！

个性化体验：重新定义"用户至上"

用户不仅是营销的核心，更是品牌发展的基石。在 AI 时代，这一理念将得到淋漓尽致的体现。

AI 赋能，将实现超越想象的个性化体验（图 10-2）。

（1）精准洞察：AI 可以根据用户的行为数据、兴趣偏好，甚至是情感状态，构建多维度用户画像，真正理解用户的"所思所想"。例如，AI 通过分析用户在电商平台的浏览和购买记录，了解用户的消费偏好。

（2）千人千面：AI 可以根据用户画像，为每一位用户提供个性化的产品推荐、内容定制以及服务体验，实现真正的"千人千面"。例如，为不同兴趣爱好的用户推送符合其喜好的产品广告。

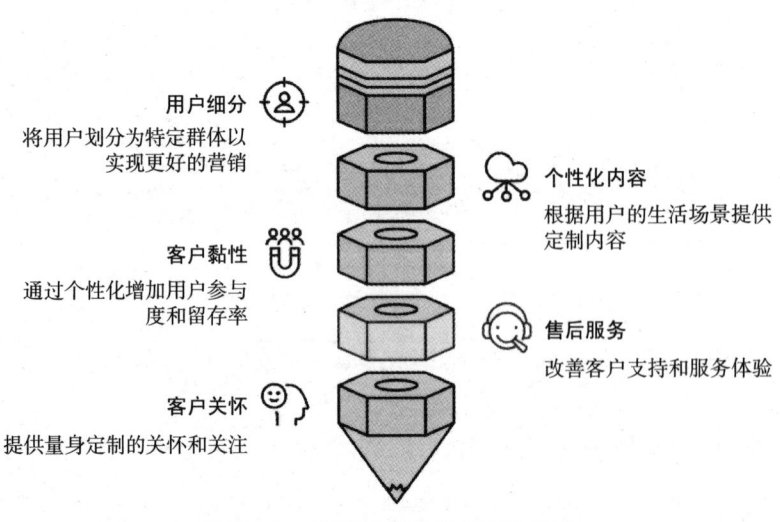

图 10-2 AI 驱动的个性化用户体验

（3）主动关怀：AI 可以预测用户的未来需求，提前提供贴心的服务和关怀，例如自动发送生日祝福、产品使用指南、续费提醒等。又如在用户生日时自动推送专属优惠券和祝福信息。

流程自动化：效率提升，释放创造力

重复性工作不仅耗费时间和精力，更会扼杀创新灵感。AI 可以解放营销人员的双手，让营销从业者能够有更多的时间专注于策略制定和创意发想。AI 赋能，自动化营销将实现全面升级。

（1）内容创作：AI 可以自动生成文案、图片、视频等素材，实现内容批量生产。利用 AI 写作工具可以快速生成产品推广文案。

（2）流程自动化：可以简化流程，让 AI 自动执行营销任务，例如自动邮件发送、广告投放优化等，告别手动操作，提高营销效率。设置 AI 自动优化搜索引擎广告投放策略。

（3）数据分析：从数据分析到落地实现自动化，充分提升用户体验。利用 AI 工具可以快速分析用户行为数据，为营销决策提供依据。

数据驱动决策：科学依据，降低决策风险

缺乏数据支持的决策，无异于盲人摸象。AI 的强大之处在于能够分析海量数据，洞察市场趋势，为营销决策提供科学依据。

数据，是 AI 决策的核心动力。AI 辅助决策，主要从以下三个方面发力。

（1）对现有数据进行分析：以此实现数据驱动，利用报表等可视化工具完成。运营人员可以根据这些可视化报告，有效规避风险；通过数据可视化图表展示产品销售趋势，及时调整库存策略。

（2）趋势预测：用于保证未来的有效增长。分析市场数据预测产品需求，提前安排生产。

（3）用户在平台的一举一动：都可以作为 AI 计算的有效数据。对这些数据进行分类与整理，可以有效提高转化率；分析用户浏览页面停留时间，可以优化页面布局。

通过有效的数据收集和整理，以及 AI 各项技术的加持，可以为营销活动提供更多助力，实现品牌效应。

多模态融合：营销内容跃然纸上

AI 在营销内容创作方面的应用，不局限于文字，而是向图像、视频、音频等多种形式融合。多模态融合，意味着营销内容将更加生动形象，更具感染力，也更容易吸引用户的注意力。AI 创造多彩内容，主要体现在以下三个方面。

（1）AI 辅助设计：AI 能够辅助设计师快速生成海报、LOGO 以及其他视觉元素，并保证视觉风格与品牌定位相符。利用 AI 设计工具快速生成品牌宣传海报。

（2）AI 视频生成：AI 能够根据文本脚本自动生成短视频，用于产品介绍、品牌宣传以及活动推广等。输入产品信息，AI 自动生成产品介绍短视频。

（3）AI 语音合成：AI 能够根据不同的情感和语境，合成逼真的语音，用于广告旁白、语音助手以及个性化语音提示等。为广告合成富有感染力的语音旁白。

AI 内容混搭，打造沉浸式营销体验。

请记住，优质内容，是吸引用户的关键。AI 只是辅助工具，真正能够打动用户的，永远是内容本身的价值和创意。

AI 营销风险犹存：坚守红线，行稳致远

任何技术都具有两面性，AI 营销也不例外。在享受 AI 带来的便利和效率的同时，我们也必须高度警惕其可能带来的风险和挑战。

在实际应用中需要格外关注以下几点。

（1）数据安全：要时时刻刻保护用户隐私，避免出现数据泄露问题；加强数据加密和访问权限管理。

（2）信息推送：要避免垃圾信息过多，产生不良影响；根据用户偏好精准推送信息。

（3）防止错误信息的传播：要保证信息的真实有效性；建立信息审核机制。

总之，AI 营销要以人为本，永远将用户的体验放在第一位。

构建可持续的 AI 营销生态：伦理为本，责任为先

AI 营销的未来，需要我们共同努力，构建一个健康可持续的发展生态（表 10-1）。

表 10 – 1　　　　　　　　　AI 营销未来生态

生态要素	行动指南
技术创新	加大 AI 基础研究投入，提升 AI 技术的可靠性、安全性和可解释性
人才培养	加强 AI 营销人才的培养，提升营销人员的 AI 应用能力和伦理意识
行业规范	制定行业规范和标准，引导 AI 营销健康可持续发展
公众认知	加强对 AI 营销的宣传和普及，提高公众对 AI 技术的认知和理解
监管协作	政府、企业、学术机构共同协作，建立健全的 AI 监管体系

唯有坚守伦理、拥抱创新、加强协作，才能共同迎接 AI 营销的美好未来！

AI 营销不是终点，而是新的起点。在这个充满变革和挑战的时代，让我们携手并进，不断探索，共同开启营销的新篇章！

总而言之，未来既有机遇也有挑战，我们应该把握机遇，迎接挑战，将 AI 更好地运用到营销中（图 10 – 3）。

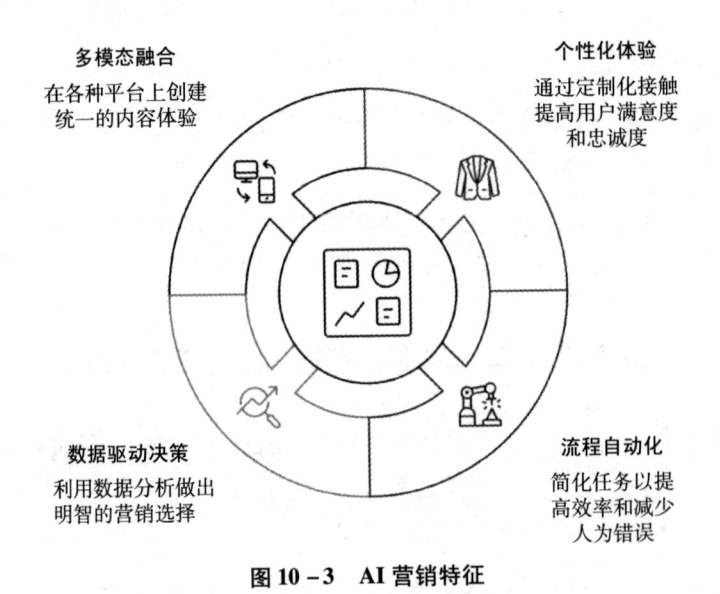

多模态融合
在各种平台上创建统一的内容体验

个性化体验
通过定制化接触提高用户满意度和忠诚度

数据驱动决策
利用数据分析做出明智的营销选择

流程自动化
简化任务以提高效率和减少人为错误

图 10 – 3　AI 营销特征

商业模式创新：AI 驱动，构建全新营销与商业模式

在上一节，我们如同"瞭望者"，洞悉了 AI 营销的未来趋势，明确了前行的方向。本节，让我们聚焦于"商业模式创新"，探索如何利用 AI 的力量，重塑企业的盈利模式和增长路径，在激烈的市场竞争中开辟新的蓝海。

传统商业模式，往往存在营销效率低、用户体验差、难以满足个性化需求等问题。你是否也曾面临以下困境：

（1）营销成本高企：投入大量资金用于广告投放，却无法精准触达目标客户。

（2）用户体验同质化：提供的产品和服务与竞争对手相似，无法吸引用户长期关注。

（3）市场变化迅速：市场需求快速变化，企业无法及时调整商业模式。

（4）竞争对手不断涌现：新的竞争对手利用创新模式抢占市场份额。

别担心！AI 驱动的商业模式创新，如同为你的企业安装了"升级引

263

擎",将帮助你突破传统模式的束缚,构建更具竞争力、可持续性的商业模式,实现价值创造的新飞跃!

AI 驱动的商业模式创新,并非简单的"修修补补",而是对企业价值创造方式的全面变革。其以用户为中心,以数据为驱动,以智能为手段,旨在打造全新的营销生态。

AI 主要通过六个方面驱动商业模式创新,如图 10-4 所示。

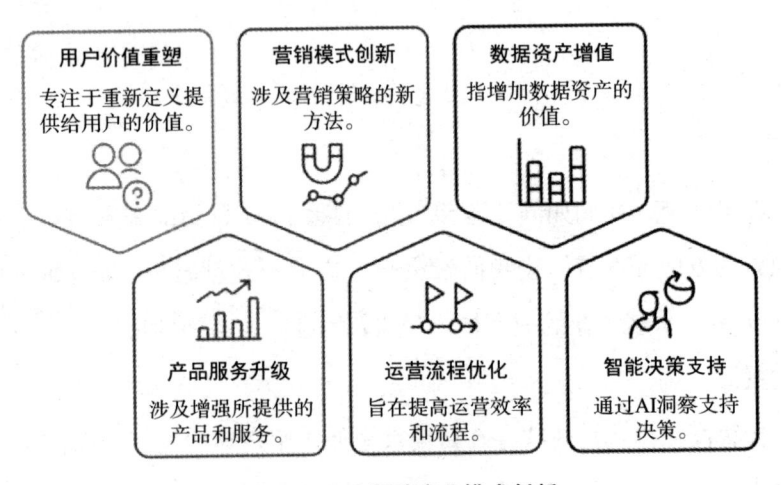

图 10-4　AI 驱动商业模式创新

以下是利用 AI 进行有效分析的具体措施。

(1) 需求预测智能化:对客户潜在需求进行有效预测,并实现产品创新,在产品正式生产之前,抢占客户市场。例如,通过分析用户的历史购买数据和浏览行为,预测用户对新产品的需求。

(2) 营销服务个性化:为不同的消费者定制专属的服务,并且对营销内容进行优化,从而提升转化率。根据用户的兴趣偏好推送个性化的广告和促销信息。

（3）运营管理自动化：为用户节省更多的时间，提升效率。利用 AI 自动化工具处理订单、库存管理等运营任务。

有了清晰的模式后，就要对模型进行评估，从而验证方法的可行性（表 10-2）。

表 10-2　　　　　　　　　　AI 模型评估及应用

要素	评估维度	AI 应用
以产品为中心	市场规模、产品特点、竞争格局	分析市场潜力，制定更具有竞争力的价格
以客户为中心	客户画像、客户生命周期价值（LTV）、客户满意度	实现定制化服务，为客户提供更贴心的服务
数据驱动	数据采集和质量检测、数据清洗	保证数据的准确性，避免资源浪费
营销效果	销售额、转化率、ROI 等	精准预估，降低损失，并且能够有效规避风险

1. 重塑用户价值：以人为本，创造更优质体验

传统商业模式往往侧重于产品功能和价格，而忽略了用户的情感需求和个性化体验。在 AI 时代，我们需要将关注点转移到用户身上，深入了解用户需求，打造更具吸引力的内容。

只有利用 AI 助手，辅以精准洞察，才能实现品牌宣传的目标。那么又该如何实现呢（图 10-5）？

（1）构建多维度用户画像：AI 可以分析用户在各个触点产生的数据，勾勒出用户的完整形象，如基本属性、兴趣偏好、行为习惯等；例如通过分析社交媒体数据了解用户的兴趣爱好。

（2）实现产品价值和用户体验的提升：有助于企业实现可持续发展；根据用户反馈优化产品功能，提升用户满意度。

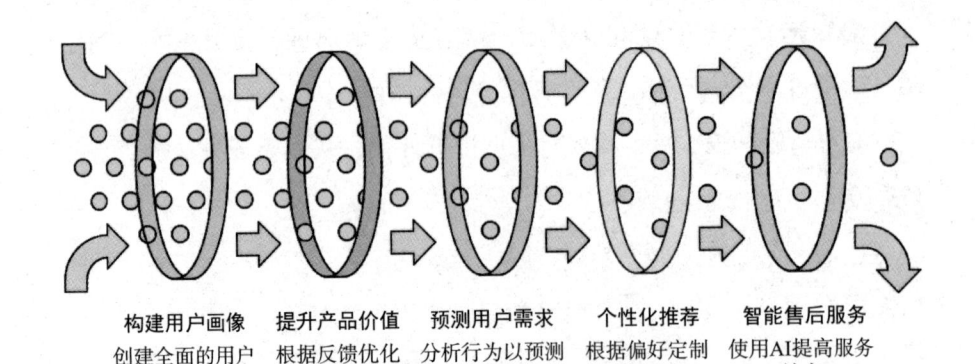

构建用户画像	提升产品价值	预测用户需求	个性化推荐	智能售后服务
创建全面的用户档案	根据反馈优化产品功能	分析行为以预测需求	根据偏好定制产品推荐	使用AI提高服务效率

图 10-5 AI 驱动的用户体验提升

（3）精准预测用户需求：对用户的长期行为进行分析，可以对用户的需求进行准确预判，从而提高产品的竞争能力；例如预测用户在特定季节对某种产品的需求。

（4）提供个性化产品推荐：在充分了解客户之后，根据客户需求，实现个性化推荐，从而提高用户购买率；例如电商平台根据用户历史购买记录推荐相关产品。

（5）智能售后服务：AI 助手可以有效提高售后人员的服务效率，实现服务的升级；例如 AI 客服快速解答用户的常见问题。

2. AI 如何重塑营销，拥抱商业模式

AI 驱动下，企业可以实现更高效的营销活动。这意味着更精准的目标用户定位、更个性化的营销内容以及更智能化的投放策略。AI 能够助力企业实现多渠道融合，打破线上线下的界限，实现全渠道营销。AI 还能够整合来自不同渠道的数据，统一管理用户信息，提供无缝的用户体验。

AI 赋能：

（1）实现客户价值提升：深入了解客户需求，提供更符合客户期望的产品和服务。

（2）客户运营效率得到有效保证：自动化流程减少人工操作，提高运营效率。

（3）构建可持续的 AI 营销生态：长期价值，生生不息。

除了 AI 加持，还需长期维护和构建，我们又该如何做呢？

（1）AI 创新：是驱动增长的源泉，唯有不断探索新的应用场景和商业模式，才能在竞争中保持领先地位。例如不断尝试将 AI 应用于新的营销领域，如虚拟试穿、智能客服机器人等。

（2）人才战略：只有重视 AI 营销人才的培养和引进，才能为企业的可持续发展提供坚实保障。例如招聘和培养既懂 AI 技术又懂营销的复合型人才。

（3）拥抱合作共赢：同行业伙伴积极开展合作，共同构建开放、共享的 AI 营销生态。例如与其他企业合作共享 AI 营销数据和技术，共同提升营销效果。

只有不断学习、持续创新、与伙伴携手共进，才能在 AI 营销时代真正实现"基业长青"。

AI 仅仅是工具，战略和创新才是核心。企业需要将 AI 技术与自身的优势相结合，打造具有自身特色的商业模式，才能在竞争中获得成功！

AI 营销的未来已经来临，将以我们难以想象的方式改变商业的格局。唯有拥抱变化，积极创新，才能在这场智能化浪潮中赢得先机，实现企业的跨越式发展！让我们一起用 AI 的力量，构建全新的营销世界，创造更美好的商业未来！

风险与挑战应对：AI营销的"红线"与"安全带"

在AI营销的道路上飞速前进时，必须时刻保持警惕，识别并规避可能出现的风险和挑战，才能确保这段旅程平稳安全，并最终到达成功的彼岸。

AI营销是一把"双刃剑"，既能带来效率和创新，也可能带来伦理、法律、技术等方面的问题。如果我们对这些风险视而不见，AI营销就可能变成一场"危险游戏"。

本节，我们将深入剖析AI营销可能引发的各种风险，并提供相应的应对策略，帮助你在AI营销的道路上行稳致远，既能享受AI带来的红利，又能避免潜在的"雷区"！

高效增长的背后也存在着危机，我们既要最大限度地享受其带来的红利，也要有效地规避风险（表10-3）。

AI营销是一把"双刃剑"，用得好，助力增长；用不好，伤人伤己。接下来，让我们深入剖析这些"红线"的具体表现，做到心中有数、防患于未然。

表 10-3　　　　　　　　　　　AI 营销风险

风险类别	具体描述	可能造成的后果
数据隐私风险	过度收集用户数据、存储安全措施不足、使用目的不明确、未经用户授权共享数据等，导致用户个人信息泄露或被滥用	用户信任度下降，品牌声誉受损，面临法律诉讼，遭受经济损失
算法偏见风险	AI 算法的训练数据存在偏差、算法设计存在缺陷，导致 AI 营销系统对不同的用户群体产生歧视性结果	损害用户的公平权益，引发社会公关危机，导致用户流失
伦理道德风险	AI 营销被用于传播虚假信息、诱导用户过度消费，甚至操纵用户情绪，违背社会伦理道德，损害用户的利益	品牌形象受损，用户信任度降低，面临道德谴责
安全风险	AI 营销系统存在技术漏洞，容易遭受黑客攻击，导致系统瘫痪、数据丢失、用户信息泄露等安全问题	营销活动中断，用户体验下降，品牌声誉严重受损

1. 数据隐私：用户数据，守护不容有失

"用户授权"是数据合法采集和使用的前提。我们需要尊重用户的知情权和选择权，只有在获取用户明确授权的前提下，才能收集和使用用户数据。在信息数据呈现公开化的今天，尤其要避免"大数据杀熟"等现象出现。那么，企业该如何从技术层面，保护用户数据安全呢（图 10-6）？

（1）数据加密：采用加密算法对数据进行加密存储，防止未经授权的访问，杜绝数据泄露的风险。例如使用 AES 加密算法对用户数据进行加密保存。

（2）访问控制：严格控制对用户数据的访问权限，只允许授权人员访问相关数据，避免数据滥用。例如设置不同层级的访问权限，限制员工对用户数据的访问范围。

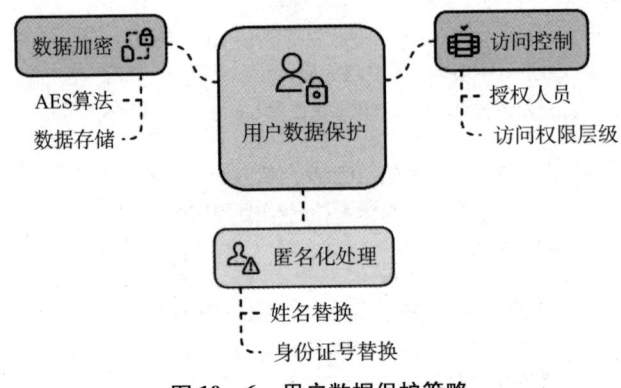

图 10 - 6　用户数据保护策略

　　（3）匿名化处理：对用户数据进行匿名化处理，移除能够识别用户身份的信息，保护用户隐私。例如将用户姓名、身份证号等敏感信息替换为匿名编码。

　　2. 算法偏见：警惕 AI 成为"歧视之源"

　　算法本身代码是固定的，但随着用户群体的不同，可能会出现算法偏移。这就要求从根源出发，尽可能地保证数据来源的广泛性。如何才能实现呢（图 10 - 7）？

图 10 - 7　如何优化用户行为分析中的模型选择和数据更新

（1）模型选择：要对同类型的模型进行多次测试，从而获取最精准的模型类型，并且规避高风险的选择。例如对比多个分类模型，选择最适合用户行为分析的模型。

（2）持续更新：定期对现有的数据进行筛查，避免产生价值观上的冲突。例如，每月对训练数据进行审核，确保数据的客观性。

3. 道德伦理：坚守营销的"良知"

技术是冰冷的，但营销充满温度。在利用 AI 提升营销效率的同时，绝不能丢弃对伦理道德的坚守，否则将适得其反（图 10 – 8）。

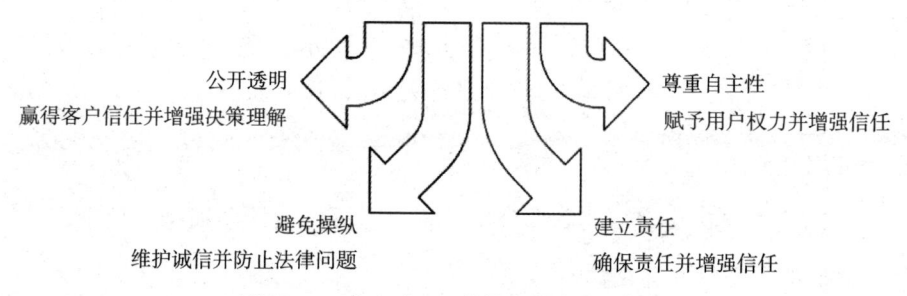

```
        公开透明                        尊重自主性
赢得客户信任并增强决策理解        赋予用户权力并增强信任


        避免操纵                        建立责任
维护诚信并防止法律问题            确保责任并增强信任
```

图 10 – 8　如何在 AI 营销中优先考虑伦理

（1）公开透明：AI 的运作往往是一个黑盒，公开透明可以有效赢得客户信任。例如向用户说明 AI 营销决策的依据和过程。

（2）尊重用户自主性：信息推送的最终选择权在于用户，并非企业。例如给用户提供自主选择是否接收营销信息的设置。

（3）避免营销操纵：避免利用人性弱点，诱导用户消费，从而实现企业的非法收益。例如不使用夸大宣传、虚假承诺等手段诱导用户购买产品。

（4）建立责任体系：在发生不好的事情时，企业是否能够勇于承担责任？是否能够弥补客户的损失？制定危机处理预案，及时处理用户投诉和权益受损事件。

坚守以上的价值观，企业就可以更好地维护自身形象，从而更有效地实现营销。

红线不可触碰，底线必须坚守。

4. 全带守护：应对挑战，行稳致远

有了"红线"意识，接下来，我们必须掌握应对策略，为AI营销系上"安全带"，才能保证营销活动的健康和可持续发展。

企业在进行转型时，需要注意：

（1）构建企业安全保障体系：建立完善的安全管理制度和流程。

（2）数据使用要合理：避免窃取用户信息等非法操作，严格遵守数据使用规范。

（3）算法的设定需要确保公平公正：在算法设计和训练过程中，注重数据的平衡性和客观性。

（4）制定可信赖道德规范：引导技术向善，将道德准则融入AI营销的各个环节（表10-4）。

表10-4　　　　　　　　　　企业"安全带"

"安全带"类型	具体措施
AI训练	进行安全培训，提升员工的安全意识
数据安全	对数据进行加密，定期进行安全检查
责任体系	制定突发情况应对策略
公开透明	对用户数据的使用目的等进行公开说明

在营销的道路上，技术只是手段，伦理才是最终的归宿。只有坚守道德和法律的底线，才能让 AI 营销真正造福社会，为用户创造价值，助力企业长远发展！

在下一节，我们将会为读者呈现如何正确应对，从而把握机遇，创造更大的价值！

迎接AI营销的未来：乘风破浪，无限可能

在上一节中，我们如同"安全员"，深入剖析了AI营销的潜在风险，并掌握了应对策略。本节，让我们再次扬起风帆，以更加积极和开放的姿态迎接AI营销的未来！未来并非遥不可及，而是正在我们身边发生。

在前面的章节中，我们了解到AI在营销领域已展现出强大的赋能能力。在用户洞察环节，AI能够通过分析海量数据，帮助我们精准把握用户的喜好、需求和行为模式；品牌塑造方面，AI能够助力打造独特且具吸引力的品牌形象，从视觉设计到品牌故事的讲述都更加贴合目标受众；销售转化阶段，AI能够高效挖掘销售线索，并通过智能化策略提升线索转化为实际销售的成功率。

如何抓住AI营销带来的新机遇，迎接这场智能化营销的变革？本节将从商业模式创新、风险应对、人才发展等方面，提供全方位的指导，助你在AI营销的道路上乘风破浪，最终实现无限可能！

商业模式重塑：拥抱创新，探索增长新曲线

AI技术的快速发展，正在催生各种新型商业模式。营销人员需要积

极拥抱这些变化，并探索如何将 AI 技术应用于自身的业务中，从而开辟新的增长空间。以下是一些值得关注的商业模式创新方向：

（1）个性化订阅服务：消费者订阅自己需要的内容，并为内容付费。优势在于能满足用户个性化的需求，并进行定制化推送。例如，音乐平台根据用户的音乐偏好，推送个性化的歌单和新专辑推荐。

（2）AI 驱动的智能零售：基于门店数据，可以有效提升用户的购买效率，例如在商场中设计 AI 导购，可以大幅提高顾客购买效率。智能零售门店利用 AI 分析顾客的进店行为和购买记录，优化商品陈列和推荐。

（3）内容电商：随着短视频的兴起，内容电商越来越普及，内容电商和传统电商相比，更容易引起用户注意，且转化率高。例如主播通过短视频展示商品的使用场景和特点，吸引用户购买（表 10-5）。

表 10-5　　　　　　　　　　AI 的商业模式创新

商业模式	核心特点	AI 应用
个性化订阅服务	根据用户偏好，提供定制化内容或产品套餐	AI 用户画像、内容推荐、需求预测
智能零售	利用 AI 技术优化线下零售体验，提升运营效率	AI 智能导购、客流分析、库存管理
内容电商	通过优质内容吸引用户，实现产品销售，并对商品进行有效宣传	AI 内容生成、个性化推荐、精准广告投放

AI 在不同行业都能够得到充分的应用，只有深入了解行业，并且结合 AI 的优势，才能有效进行营销活动，从而更好地实现用户增长。

AI 指引：扬帆起航，探索营销新航道

拥抱 AI 并非一蹴而就，而是一个循序渐进、不断探索的过程。要想在 AI 营销的道路上走得更远，需要从以下四个方面入手（图 10-9）。

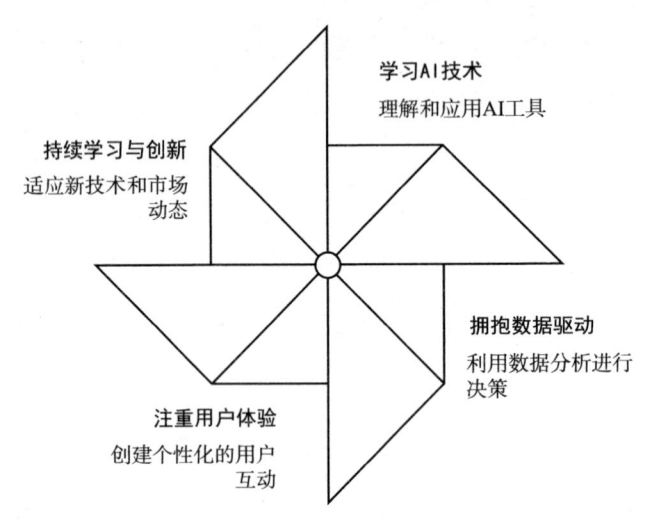

图 10-9 AI 营销的战略支柱

（1）学习 AI 技术：只有了解 AI 的基本原理和应用场景，掌握常用的 AI 工具和方法，才能更好地利用 AI 赋能营销。例如学习使用 AI 绘图工具制作营销海报。

（2）拥抱数据驱动：将数据分析融入营销的各个环节，依靠数据做出决策，才能避免盲人摸象，提高营销效果。例如通过分析用户点击数据优化广告投放策略。

（3）注重用户体验：只有始终将用户的需求放在首位，利用 AI 技

术打造更个性化、更智能化的用户体验，才能赢得用户的信任和忠诚。例如使用 AI 客服实时解答用户疑问，提升用户服务体验。

（4）持续学习与创新：AI 技术日新月异，营销环境瞬息万变，只有持续学习和创新，才能适应新的变化，并始终保持竞争优势。例如关注 AI 领域的新研究成果，应用到营销实践中。

我们要积极拥抱变化，并且不断适应新的环境，学习新的知识，从而保证企业长远发展。

迎接挑战：构建 AI 营销的"护城河"

AI 赋能固然能够为企业带来诸多优势，但也伴随一些潜在的风险和挑战。我们必须做好准备，构建 AI 营销的"护城河"，才能确保企业在智能化时代行稳致远。

（1）伦理与法律风险：在追求营销效果的同时，必须严格遵守伦理规范和法律法规，尊重用户隐私，保护用户权益，避免出现歧视性行为。例如在使用用户数据时，严格遵循相关隐私保护法规。

（2）数据安全风险：要对重要数据进行加密，需要时刻注意用户信息安全，以及避免遭到黑客攻击等。例如采用多重加密技术保护用户数据，定期进行安全漏洞检测。

（3）人才缺口风险：持续学习和实践才是在这个时代生存下去的砝码，我们应该注重人才引进和培养。例如招聘既懂 AI 又懂营销的复合型人才，开展内部培训提升员工技能。

（4）技术依赖风险：掌握 AI 营销工具的同时，也要注重提升自身的独立思考能力，避免对 AI 产生过度依赖。例如在利用 AI 分析数据的同时，结合自身经验进行判断和决策。

成功永远来自正确的选择和不懈的努力！

"AI＋人"才是营销的未来

AI 只是工具，真正的创造力和决策权仍然掌握在人的手中。未来的营销人员，只有将 AI 技术与自身的经验和智慧相结合，才能创造出更加卓越的营销成果。

（1）用 AI 武装营销大脑，打造智能营销团队，拥抱变化，与时俱进。

（2）构建终身学习体系，保持团队的创新活力，与用户建立情感连接。

（3）用数据和技术赋能营销，用创意和真诚打动用户。

AI 营销的未来已来，将以我们难以想象的方式改变商业的格局。唯有拥抱变化，积极创新，才能在这场智能化浪潮中赢得先机，实现企业的跨越式发展！

亲爱的读者，希望《AI 应用：图表说营销》这本书能够帮助你了解 AI 营销的精髓，掌握 AI 营销的方法，并在 AI 时代取得成功！让我们一起用 AI 的力量，构建全新的营销世界，创造更美好的商业未来！

附 录

附 录

> 案例一：某新锐国货美妆品牌用户画像速成

对应章节：AI 营销入门、AI 洞察。

核心问题：如何在预算有限的情况下，利用 AI 快速、精准地构建目标用户画像，并指导后续的营销活动？

AI 解决方案：在竞争激烈的国货美妆市场，新品牌想要脱颖而出，就必须对目标用户有深入的了解。AI 赋能用户画像，可以帮助品牌高效地收集和分析数据，描绘精准的用户形象，从而实现营销活动的精准触达和个性化定制（图 1）。

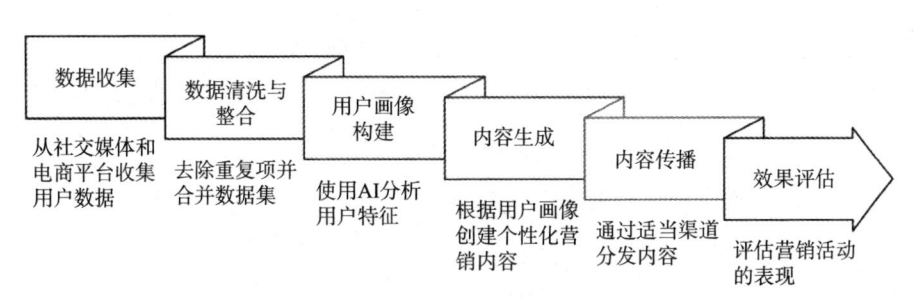

数据收集	数据清洗与整合	用户画像构建	内容生成	内容传播	效果评估
从社交媒体和电商平台收集用户数据	去除重复项并合并数据集	使用AI分析用户特征	根据用户画像创建个性化营销内容	通过适当渠道分发内容	评估营销活动的表现

图 1　AI 驱动的用户画像和营销优化

数据收集（构建"粮草库"）

明确数据来源：

（1）竞品品牌社交媒体（B 站）：用户评论、弹幕、话题互动、用户画像等。

(2) 电商平台：销售数据、商品信息、用户购买记录、浏览记录等。

(3) 公开报告：行业报告、市场调研数据、用户调研报告等。

数据抓取工具：油猴（Tampermonkey）插件。

数据清洗与整合

(1) 清洗：去除重复评论、无效数据、广告信息等。

(2) 整合：将来自不同渠道的数据进行整合，形成统一的数据集。

用户画像构建（绘制"用户地图"）

AI 工具：DeepSeek（深度求索）。

核心操作：

(1) 数据导入：将清洗后的数据导入 DeepSeek。

(2) 特征提取：利用 DeepSeek 的自然语言处理功能，提取用户评论中的关键词、兴趣标签、情感倾向等。

(3) 标签化：将提取出的特征转化为用户标签，如"Z 世代""成分党""国风爱好者"等（表1）。

表1　　　　　　　　　　　用户画像

维度	描述	示例
基本属性	用户的年龄、性别、地域、学历、职业、收入等	25～35 岁，女性，一线城市，本科，月收入 1 万元以上，白领，已婚，有子女

续表

维度	描述	示例
行为特征	用户的购买、浏览、互动、分享等行为	经常在电商平台购买美妆产品，每月消费500元以上，喜欢浏览时尚杂志和美妆博主的社交媒体账号，经常在晚上使用购物App
心理特征	用户的价值观、兴趣爱好、生活方式等	追求时尚，注重生活品质，喜欢尝试新事物，对品牌有较高的忠诚度，乐于分享购物体验，注重环保和可持续发展

内容生成

AI 工具：文心一言（生成文案）、DALL-E3（生成视觉素材）。

核心操作：

（1）利用文心一言，根据用户画像和品牌特点，生成3篇不同风格的品牌故事文案。

（2）使用 DALL-E3 生成与品牌故事相符的视觉素材，如产品宣传图、电商主图、社交媒体配图等。

Prompt 示例：

（1）根据以下用户画像和品牌特点，生成3篇不同风格的品牌故事文案，并突出核心卖点和情感价值（用户画像+品牌特点）。

（2）根据以下品牌故事文案，以及用户喜好的视觉风格，生成一张精美的产品宣传海报，并确保画面具有吸引力和冲击力（文案+风格描述）。

内容传播

传播渠道选择：

（1）根据用户画像选择用户活跃的平台，如微信、微博、小红书、抖音等。

（2）针对不同平台特性调整内容形式和风格。例如，在抖音发布短视频，在小红书发布图文种草笔记。

AI 辅助内容优化：

利用 AI 工具分析用户在不同渠道的互动数据，自动调整标题、文案、图片等元素，提升用户点击率和互动率。

传播策略：

（1）定期发布内容，保持品牌活跃度。

（2）积极参与用户互动，提升用户黏性。

（3）开展营销活动，刺激用户购买欲望。

效果评估

数据来源：百度统计、神策数据/GrowingIO。

核心指标：广告点击率、转化率、用户参与度、销售额等。

AI 应用：

（1）通过分析广告投放数据，评估广告效果。

（2）通过分析用户行为数据，了解用户对不同内容的偏好。

（3）AI 根据数据反馈，自动优化投放策略和内容创作。

AI 精准广告投放效果对比见表 2。

表 2   AI 精准广告投放效果对比

指标	点击率	转化率	互动率
AI 实施前	0.5%	2%	100
AI 实施后	1%	4%	300
提升幅度	1	1	2

效果评估维度及计算方式示例见表 3。

表 3   效果评估维度及计算方式

维度	具体描述	计算方式
投入成本	在营销活动中所花费的总成本	各渠道投放费用总和
营销收入	营销活动所带来的直接销售收入	营销活动期间的销售总额 – 基期销售总额
投入产出比	每单位成本带来的收益，是衡量营销效率的关键指标	（营销收入 – 投入成本）/投入成本

通过以上步骤，该新锐国货美妆品牌能够：

（1）快速构建精准的用户画像，深入了解目标客户。

（2）高效产出高质量、个性化的营销内容，更好地吸引用户的注意力。

（3）根据数据反馈，不断优化营销策略，提高转化率和 ROI。

（4）在预算有限的情况下，实现营销效果的最大化。

本节核心内容总结见表 4。

表 4　　　　　　　　　　　本节核心内容

核心环节	具体描述	AI 应用
数据收集	从社交媒体、电商平台、行业报告等多个渠道收集用户数据	油猴、爬虫工具
用户画像构建	利用 AI 对用户数据进行分析，提取用户特征，构建精准的用户画像	DeepSeek、Kimi
内容生成和推送	根据用户画像生成个性化的营销内容，并通过合适的渠道推送给目标用户	文心一言、DALL – E3、微信公众号
效果评估和优化	实时监控营销活动效果，并根据数据反馈不断优化投放策略和内容创作	百度统计、神策数据、GrowingIO

案例二：传统餐饮品牌 AI 文案重塑

对应章节：AI 内容工厂。

核心问题：如何帮助具有悠久历史但文案陈旧、缺乏吸引力的传统餐饮品牌，利用 AI 重塑文案风格，在年轻消费群体中焕发新生？

AI 解决方案：传统餐饮品牌往往拥有深厚的文化底蕴和经典菜品，但其文案风格可能与当下年轻消费者的喜好有所脱节。AI 能够通过分析用户评论和社交媒体互动等数据，洞察年轻人的情感需求，并生成更具吸引力、更符合潮流的文案，从而帮助品牌实现年轻化转型（图1）。

数据准备　AI分析与洞察　文案生成与视觉重塑　社交媒体传播与用户互动　效果评估与优化

图 1　AI 驱动的品牌重塑

数据准备（挖掘品牌"记忆"）

（1）品牌历史资料。

①品牌故事：创始人故事、品牌发展历程、经典菜品故事等。

287

②企业文化：企业愿景、使命、价值观等。

（2）竞争对手资料。

①竞品品牌微信公众号内容：文案风格、排版形式、互动活动等。

②竞品品牌在抖音、小红书等平台的营销活动。

（3）用户反馈。

①大众点评、美团、抖音等平台的用户评论、打分。

②社交媒体上用户对品牌的讨论和评价。

AI 分析与洞察（解码品牌"灵魂"）

AI 工具：DeepSeek。

核心操作：

（1）将收集到的品牌历史资料、竞争对手资料和用户反馈导入 DeepSeek。

（2）利用 DeepSeek 的自然语言处理功能，分析：

①品牌的核心价值（如传承、匠心、地道风味）。

②品牌在用户心中的形象（如老字号、经典味道）。

③竞争对手的营销策略和用户评价。

④目标用户（年轻人）的情感需求和偏好。

AI 品牌深度解析见表 1。

表 1　　　　　　　　　　AI 品牌深度解析

分析维度	数据来源	AI 应用	输出结果
品牌定位	官网、宣传资料、广告语、产品信息	自然语言处理、文本分析	高端（大众、小众）品牌、目标市场、核心用户群体

续表

分析维度	数据来源	AI 应用	输出结果
品牌形象	LOGO、VI 设计、官网风格、社交媒体形象	图像识别、风格分析	时尚、科技、简约、传统风格，品牌个性，视觉元素分析
品牌价值观	宣传文案、品牌故事、企业文化、用户评论	自然语言处理、情感分析	创新、环保、品质、服务价值观，品牌理念
用户群体	粉丝画像、用户评论、社交媒体互动、搜索关键词等	数据分析、用户画像	年龄、性别、地域、兴趣爱好、消费习惯等用户特征。例如，分析用户的浏览历史、购买记录、搜索关键词等数据，从而了解用户的兴趣爱好、消费习惯、价值观等

AI 文案生成与视觉重塑（创作"吸睛"内容）

AI 工具：文心一言、Midjourney（用于生成品牌视觉素材）。

核心操作：

（1）根据 AI 分析结果，利用文心一言，围绕品牌的核心价值和用户的情感共鸣点，生成 3 篇不同风格的品牌故事文案。

例如：

①版本一（怀旧风）：讲述品牌创始人历经艰辛传承美食的故事。

②版本二（幽默风）：用年轻人喜爱的段子或梗讲述品牌与时俱进的故事。

③版本三（情感风）：讲述品牌与用户之间的感人故事。

（2）使用 Midjourney，为每篇文案创作与之风格相符的视觉素材（图片、视频）。

例如：

①怀旧风：老照片、手绘插画等。

②幽默风：卡通形象、表情包等。

③情感风：温馨的人物场景、美食特写等。

Prompt 示例：

（1）"生成一张怀旧风格的图片，展现老工匠认真制作美食的场景，色彩温暖怀旧。"

（2）"根据以下品牌故事文案，生成一个15秒短视频脚本，节奏明快、配乐活泼。"

社交媒体传播与用户互动

（1）内容分发：

①将文案和视觉素材发布到抖音、微信公众号、小红书等平台。

②在发布时，根据不同平台的特点对内容进行适当的调整和优化。

（2）用户互动：

①积极回复用户的评论和留言，与用户建立情感连接。

②发起话题互动活动，鼓励用户参与和分享。

社交媒体互动策略见表2。

表2　　　　　　　　　　　社交媒体互动策略

社交媒体平台	内容类型	互动方式举例
抖音	品牌故事短视频，制作精良、节奏明快，配以具有吸引力的音乐和特效	发起#我的家乡美食#话题，鼓励用户分享与品牌相关的美食故事
微信公众号	品牌故事文章，图文并茂，内容走心	发起#你记忆中最温暖的味道#话题，与用户分享儿时的美食回忆
小红书	产品宣传图，画面精美，色彩鲜艳，突出产品特点	邀请美食达人进行产品评测和推荐，鼓励用户分享使用心得

效果评估与优化

数据来源：社交媒体平台数据、用户反馈数据。

核心指标：粉丝增长量、互动率、品牌声量、用户情感倾向。

AI 应用：

（1）AI 分析用户评论和反馈，了解用户对品牌和产品的评价。

（2）AI 分析营销活动效果，评估 ROI，并为后续优化提供数据支持。

AI 品牌重塑效果对比见表 3。

表 3　　　　　　　　　　AI 品牌重塑效果对比

指标	粉丝增长量	互动率	品牌声量	用户情感倾向
重塑前	1000	1%	1000	中性、负面
重塑后	5000	5%	10000	积极、正面
提升幅度	400%	400%	900%	质变

通过本案例，读者可以学会：

（1）如何利用 AI 挖掘品牌基因、重塑品牌故事，与年轻用户建立情感连接。

（2）如何利用 AI 生成吸睛的视觉素材，提高品牌在社交媒体的曝光度和吸引力。

（3）如何利用 AI 分析用户反馈，持续优化品牌形象，提升用户满意度和忠诚度。

案例三：AI精准广告投放，效果最大化

对应章节：AI智能传播。

核心问题：

如何仅使用抖音后台数据和Excel，配合文心一言辅助分析、Mistral进行可视化展示，并结合《企业抖音》一书的策略，实现AI精准广告投放，让广告费物超所值？

AI解决方案：

在抖音平台上，内容为王，精准为王。本案例将结合抖音平台自身的数据和工具，配合Excel和文心一言等AI工具，并严格参照《企业抖音》一书的策略，确保内容与平台特性高度契合，实现流量的精准导入和高效转化。

执行步骤（图1）：

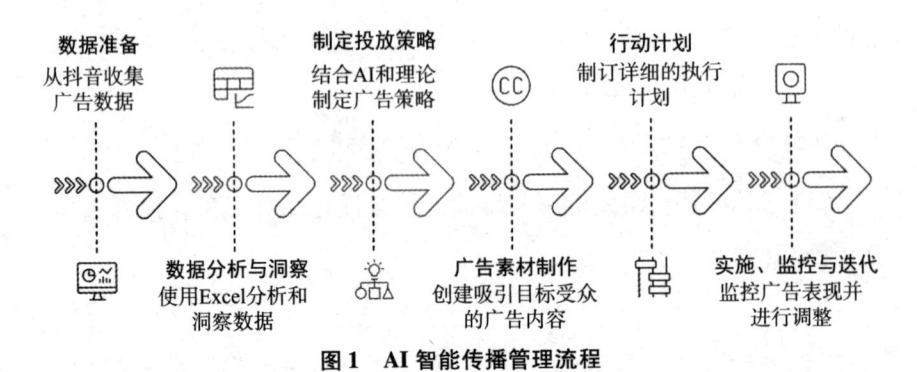

数据准备
从抖音收集广告数据

数据分析与洞察
使用Excel分析和洞察数据

制定投放策略
结合AI和理论制定广告策略

广告素材制作
创建吸引目标受众的广告内容

行动计划
制订详细的执行计划

实施、监控与迭代
监控广告表现并进行调整

图1 AI智能传播管理流程

数据准备：精细化管理抖音投放数据。

数据来源：抖音广告投放后台数据。

数据类型：

（1）不同广告系列的曝光量、点击率、转化率、成本、互动率。

（2）不同广告创意的点击率、转化率、用户评论。

（3）用户在抖音上的搜索记录、兴趣标签、年龄、性别、地域等信息。

数据分析与洞察：Excel 解锁"流量密码"

分析工具：Excel。

分析维度：

（1）用户画像分析：分析用户基本属性、行为特征和兴趣偏好，了解目标受众。

（2）内容偏好分析：分析不同类型的内容（如搞笑段子、知识科普、生活记录等）对用户的吸引力，找到最受欢迎的内容形式。

（3）投放渠道分析：分析不同投放渠道（如信息流广告、搜索广告、达人合作等）的效果，找出 ROI 最高的渠道。

抖音账号的精准运营见表 1。

表 1　　　　　　　　　抖音账号运营

核心内容	详细分析
账号信息	用户账号名称、类型，主要营销人群有效进行账号分析，并有效掌握客户核心诉求
内容调性	发布时间、内容风格、主要内容
有效转化率分析	分析用户习惯，主要受众人群

293

基于《企业抖音》的分析：

参考《企业抖音》中关于"抖音用户画像"和"内容营销"的章节，将分析维度与书中理论相结合。例如，书中提到"抖音用户更偏爱有趣、有共鸣的内容"，那么在分析用户数据时，就应重点关注用户对幽默、情感类内容的互动行为。

制定投放策略：AI+《企业抖音》，事半功倍

AI 工具：文心一言。

Prompt 示例：

（1）"结合 Excel 分析报告和《企业抖音》书中关于抖音运营策略的描述，为我的营销活动制定更有效的投放策略，着重考虑以下几点：广告创意风格，广告投放渠道，营销活动形式，人群触达等方面"（数据分析报告+《企业抖音》内容摘要）。

（2）"参考《企业抖音》中关于用户行为分析的案例，并结合用户画像，设计更具吸引力的营销内容。"

（3）"分析客户，明确客户需求和目标，从而达到营销效果和营销的品宣的目标。"

广告素材制作：

（1）根据目标受众的特征和平台特点，确定广告素材的风格和内容方向。

（2）利用 AI 内容生成工具，快速生成高质量的文案、图片和视频素材。

（3）充分利用平台提供的便利功能，如挑战赛、话题标签等，提升

用户参与度和品牌曝光。

明确受众，进行高效推广：利用有效的工具为产品进行有效宣传。

（1）目标人群：年轻群体、中年群体、老年群体等。

（2）营销渠道：抖音、快手、小红书等。

（3）选择符合用户习惯的投放渠道。

行动规划：Mistral 甘特图，精细化执行。

（1）AI 工具：Mistral。

（2）Prompt 示例：

①"根据以上营销策略，制订为期一个月包含每日详细任务的行动计划，并以甘特图形式清晰展现。"

②"每个任务需明确负责人、执行时间、所需资源，并预测关键节点可能遇到的风险。"

实施、监控与迭代：数据驱动，永不止步

（1）数据来源：抖音广告投放后台数据。

（2）核心指标：点击率、转化率、成本、曝光量、互动率。

（3）AI 应用：

①AI 实时监控广告效果，并根据数据反馈自动调整投放策略，如调整出价、优化时间、更换素材等。

②AI 分析用户行为数据，识别影响广告效果的关键因素。

通过表2来总结 AI 分析竞争对手的步骤及核心意义。

表 2　　　　　　　　　AI 分析竞争对手的步骤及意义

核心步骤	内容	意义
数据收集	利用爬虫软件等进行信息收集	高效整理市场和用户数据，为后期内容输出奠定基础
受众分析	分析客户的受众人群、年龄占比、性别比例、主要受众人群地域划分	精准分析客户，有效认知客户受众，方便产品转化
产品营销渠道分析	分析竞争对手主要营销渠道，如抖音、快手、小红书等	明确竞争优势，精准定位产品方向，有效完成客户转化

AI 精准广告投放，离不开"天时、地利、人和"。

（1）天时：把握行业趋势，抢占市场先机。

（2）地利：善用社交平台，挖掘流量密码。

（3）人和：牢记客户需求，创造用户价值。

本节核心内容总结（表 3）：

表 3　　　　　　　　　　　内容总结

内容来源	数据分析	带来的价值
客户	通过热评关键词对客户喜好进行掌握	有效认知客户，有的放矢
产品	根据产品数据进行受众分析	有效把控营销方向
市场	根据投放数据对营销策略进行调整	及时止损

案例四：AI销售线索挖掘：掘金大数据，让潜在客户主动找上门

对应章节：AI销售力。

核心问题：

某新能源汽车公司（虚构，命名为"绿行"）如何运用有限资源，通过AI技术高效挖掘优质销售线索，精准定位潜在客户，让客户主动找上门？

AI解决方案：

传统的销售线索挖掘方式如同"大海捞针"，效率低下、成本高昂。AI销售线索挖掘则如同为销售团队装上"导航系统"，利用大数据技术，更精准、更高效地找到"宝藏"，实现业绩增长。

执行步骤（图1）：

数据准备	客户画像分析	潜在客户识别	个性化接触	评估和优化
收集来自各种来源的相关数据	分析数据以创建目标客户画像	使用AI工具识别和评分潜在客户	开发量身定制的销售策略和材料	评估和优化销售漏斗的有效性

图1 AI驱动的客户获取

数据准备：构建全方位"数据雷达"

数据来源：

（1）企查查、天眼查等企业工商信息平台：获取企业基本信息、经营范围、企业规模等。

（2）行业报告数据平台：易观分析、艾瑞咨询等，提供行业报告、市场数据、用户调研数据等。

（3）第一方数据：公司 CRM 系统中现有客户的数据（用于后续分析及用户画像）。

客户画像分析：描绘"用户轮廓"

（1）分析维度：

①行业类型：企业所属行业。

②企业规模：企业员工数量、年营业额。

③企业发展阶段：初创期、成长期、成熟期。

④企业融资情况：是否进行融资、融资轮次、融资金额等。

（2）AI 应用：通过 AI 自动分析 CRM 数据，了解现有客户的共同特征，从而提炼出目标客户画像。

AI 销售线索挖掘的核心意义见表 1。

表 1　　　　　　　　　　　AI 销售线索挖掘

维度	内容描述
行业特征	目标客户主要集中在新兴产业
企业规模	目标客户多为中小型企业，员工数量在 50~200 人之间
发展阶段	目标客户多处于快速扩张阶段，对提升运营效率和降低成本有迫切需求

AI"掘金"：锁定"潜在客户"

（1）AI 工具：探迹、玄讯等智能销售云平台（或其他国内类似产品，需评估功能和数据源），油猴爬虫。

（2）核心操作：

①利用企查查、天眼查等企业工商信息平台，抓取目标客户的潜在客户信息，如企业名称、联系方式、经营范围等。

②利用 AI 模型对潜在客户进行评分排序，并筛选出高价值线索。

精准触达：内容+策略，让信息"直达人心"

（1）AI 工具：文心一言（用于生成销售文案）。

（2）核心操作：

①根据目标客户的行业、规模、发展阶段等特征，利用文心一言生成个性化的销售文案。

②从《企业抖音》中提取营销策略，用于指导销售沟通和客户关系维护。

AI 辅助的销售物料准备见表 2。

表 2　　　　　　　　AI 辅助的销售物料准备

营销阶段	内容	侧重信息
初次接触	介绍信、公司宣传册	突出企业实力、行业经验
深入沟通	产品方案、成功案例	强调产品优势、解决方案
促进成交	专属优惠、成功客户背书	为客户提供决策支持
客户维系	行业洞察、客户案例、品牌活动邀请	及时互动，增加客户黏性

Prompt 示例："你是绿行汽车的销售助理，现在有一家高科技企业对新能源汽车非常感兴趣，请根据他们的特点和需求，为他们准备一份热情且专业的介绍信。"

效果评估和优化：AI 指导，"螺旋式上升"

（1）数据来源：探迹、玄讯等销售云平台。

（2）核心指标：

①销售线索数量：AI 挖掘到的潜在客户数量。

②线索转化率：从潜在客户到实际客户的转化比例。

③销售周期：从接触客户到最终成交所需的时间。

④客户生命周期价值：客户在整个合作期间为企业带来的收益。

（3）AI 应用：

①AI 通过分析销售数据，评估线索质量和转化效果。

②AI 根据数据反馈，自动调整线索挖掘策略，提升线索质量。

③AI 预测客户流失风险，并采取相应措施进行挽回。

效果对比见表 3。

表 3　　　　　　　　　　　　　　　效果对比

指标	AI 实施前	AI 实施后	提升幅度
线索数量	100	200	100%
转化率	5%	10%	100%
销售周期	60 天	45 天	−25%

AI 销售线索挖掘让"石沉大海"变"掘金行动"。AI 不仅提升了线索挖掘的效率，更提升了线索的精准度和转化率，为企业销售业绩带来质的飞跃！在充分运用 AI 的同时，请不要忘记销售人员的经验和技巧，以及对客户需求的深入理解，只有人机结合才能实现最佳效果！

通过以上修改，该案例能够：

- 强调国内 AI 工具的应用，贴近读者的实际情况。
- 突出《企业抖音》的指导作用，强化营销策略的价值。
- 以数据驱动，量化评估 AI 带来的收益，增强说服力。

本部分核心内容总结见表 4。

表 4　　　　　　　　　　　　　　　内容总结

数据来源类型	数据分析	带来的价值
企查查、天眼查等企业工商信息平台	有效整理市场信息，减少成本	提高客户质量，保证有效对接
行业报告数据平台	分析受众特征	筛选行业目标用户，提高精准营销
客户 CRM 系统	整理客户信息和特征数据	了解客户，更好地进行策略调整

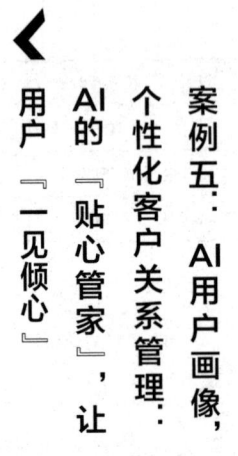

案例五：AI用户画像，个性化客户关系管理：AI的"贴心管家"，让用户"一见倾心"

对应章节：AI用户体验优化。

核心问题：

某产业园招商公司如何利用AI基于有限的内部数据和用户的行为数据（来自微信公众号、App等），构建精准的用户画像，并提供个性化的服务和内容，从而提升客户满意度？

AI解决方案：

客户关系维护是企业发展的关键，传统的客户服务往往千篇一律，难以满足个性化需求。通过利用AI构建用户画像，并提供个性化的服务，能够让客户感受到品牌的"用心"，从而提升客户满意度和忠诚度。

执行步骤（图1）：

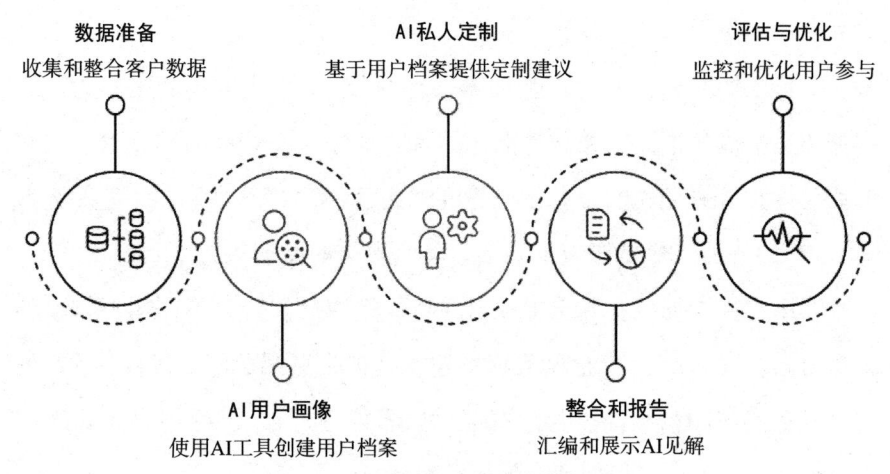

数据准备 AI私人定制 评估与优化
收集和整合客户数据 基于用户档案提供定制建议 监控和优化用户参与

AI用户画像 整合和报告
使用AI工具创建用户档案 汇编和展示AI见解

图1　AI驱动的客户个性化管理流程

数据准备：建立全息"客户档案"

数据来源：

（1）企业内部用户数据：客户基本信息如姓名、性别、年龄、职位、公司名称等；客户行为数据如在App、微信公众号上的浏览记录、互动行为、活动参与情况等。

（2）企业已有的用户使用画像信息：例如客户曾经提供过的信息，通过销售人员记录的信息。

AI"绘制"用户画像：描绘用户"内在世界"

（1）AI工具：DeepSeek。

（2）核心操作：

①数据清洗和整合：将各种来源的数据进行清洗、去重、格式转换

等处理,确保数据的质量和一致性。

②特征提取和标签化:利用 DeepSeek 的 NLP 技术,从用户的行为数据和文本描述中提取关键特征,如兴趣爱好(喜欢的活动类型、关注的话题等)、内容偏好(喜欢阅读的文章类型、喜欢观看的视频类型等)、行为特征(经常浏览的页面、经常参与的活动等)。

③用户群体细分:基于提取出的特征将用户划分为不同的群体,如高潜力客户(对园区产业政策感兴趣、有扩张意愿的企业家)、活跃用户(经常参与园区活动、与园区互动频繁的用户)、沉睡用户(长时间未登录 App、未参与任何活动的用户)。

多维度用户画像示例见表1。

表1　　　　　　　　　多维度用户画像示例

用户画像维度	描述	示例
基本属性	年龄、性别、地域、学历、职业、收入水平、兴趣爱好等	年龄 30~40 岁,男性,长三角地区,企业主,对产业政策和市场拓展感兴趣
行为特征	用户在 App、微信公众号上的行为,如浏览历史、点赞、评论、转发、分享等	经常浏览园区政策解读文章、经常参与线上沙龙、互动积极
营销互动	参与活动情况,例如参加活动的类型、频率、反馈意见等	参加过 3 次以上线上沙龙、参与过 2 次以上线下活动、对活动组织表示满意

AI"私人定制":让服务更有温度

AI 工具:Kimi。

核心操作:

(1)个性化推荐:基于用户画像和行为数据利用 Kimi 推荐个性化

的内容。例如针对高潜力客户，推送最新的产业政策解读、园区优惠政策、企业成功案例等；针对活跃用户，推荐感兴趣的沙龙活动、行业报告等；针对沉睡用户，推送专属优惠券、活动邀请等，唤醒用户兴趣。

（2）智能客服：Kimi能够理解用户的提问意图，并根据用户画像和情境提供更精准的答案。例如Kimi还可以模拟不同的情绪和语气，为用户提供更贴心、更人性化的服务。

整合资源，输出报告

AI工具：豆包。

核心操作：将AI生成的用户画像、个性化推荐和用户行为分析等结果导入豆包，利用豆包提供的模板设计，生成PPT报告。

AI数据分析的应用场景见表2。

表2　　　　　　　　AI数据分析的应用场景

应用场景	AI数据分析应用	预期效果
用户画像构建	分析用户的基本信息、行为数据、购买记录等，构建多维度用户画像（如年龄、性别、浏览时间、购买偏好等）	实现个性化营销，提升用户转化率和复购率
产品优化	分析用户对产品的评价、反馈、使用行为等，识别产品优势和不足（例如，分析客户购买需求与客户的痛点）	改进产品功能，提升用户体验，增强产品竞争力
活动营销	分析历史营销活动数据，预测活动效果，识别影响因素（例如，分析活动参与率与购买数据）	提高营销活动成功率，优化资源配置，提升活动ROI

效果评估与优化：驱动业务升级，持续提升

（1）数据来源：App 使用数据、微信公众号数据。

（2）核心指标：用户活跃度、参与度、用户流失率。

（3）核心步骤：借助 AI 工具监控所有渠道用户的行为数据，进行优化，从而实现精准化、个性化。

AI 不能解决所有问题，真诚的服务才是打动客户的最终手段。通过以上操作，AI 将可以对工作提供以下帮助：更深入地了解客户需求，以便合理改进产品；更加全面地分析竞争对手信息，从而实现差异化竞争；多角度创新产品模式，从而为企业服务提供更多可能。

请牢记 AI 营销的真谛，在精准掌握数据信息同时，也要坚持本心，热情地为每一位用户提供优质的服务！

本部分核心内容总结见表 3。

表 3　　　　　　　　　　内容总结

内容	描述	作用
构建多维数据模型	多渠道数据收集、数据整合	让用户画像信息更加全面
行为数据分析	用户行为洞察，用户行为标签化	让用户画像特点更突出
精准运营	细分社群，制定更精准的运营策略	实现个性化的信息服务与推荐
长期客户关系维护	根据用户个性，定制服务与关怀	有效避免用户流失，提升客户价值

AI 营销要以实践为基准，只有拥抱 AI，才能让企业更上一层楼。

> 案例六：品牌故事情感共鸣，深入人心：AI的"编剧"，讲述打动人心的品牌故事

对应章节：AI品牌重塑。

核心问题：

如何利用有限资源结合Kimi和DALL－E3，挖掘传统企业的品牌故事，并用更具情感共鸣的方式呈现，吸引年轻用户，有效增加用户信任感、认知度、实现情感连接？

AI解决方案：

品牌故事是连接品牌与用户的重要桥梁。在信息爆炸的时代，一个好的品牌故事能够突破时间与空间的限制，在用户心中建立情感连接，构筑品牌忠诚度，并最终转化为持续的购买力。

传统品牌故事创作如"老牛拉磨"，耗时费力、灵感难觅。AI品牌故事挖掘与重塑则如"金牌编剧"，助你洞察用户情感，巧妙编织动人故事，让品牌深入人心。

执行步骤（图1）：

数据收集
收集品牌历史和用户反馈

AI 洞察
分析情感和价值观

故事重塑
创建引人入胜的品牌叙述

多渠道传播
在多个平台上分享品牌故事

效果评估与优化
衡量和优化品牌故事的影响

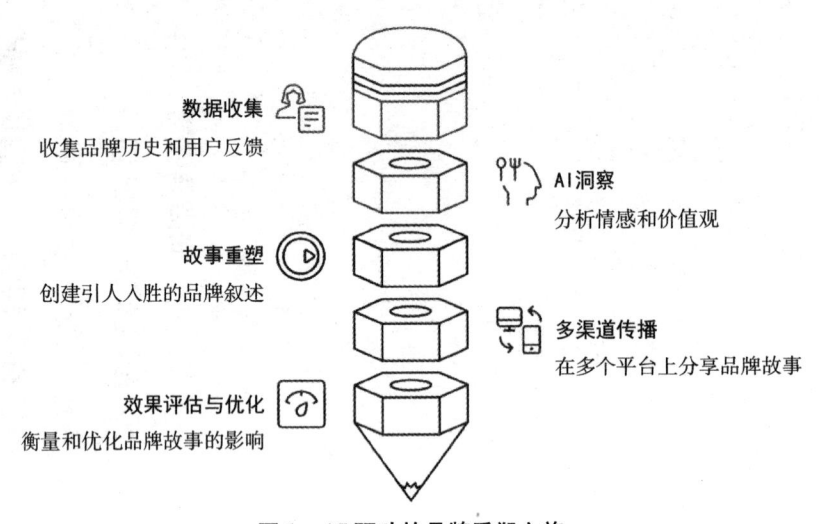

图 1　AI 驱动的品牌重塑之旅

数据收集："搜寻"品牌记忆碎片"

数据来源：

（1）网上公开的品牌历史资料：企业官网、企业年鉴、新闻报道等。

（2）网上公开的创始人故事：创始人访谈、传记资料等。

（3）网上公开的品牌企业文化：企业使命、愿景、核心价值观等。

（4）网上抓取用户的评论反馈：用户的评价、评论、帖子，社交媒体互动等。

AI 洞察：解锁"品牌情感密码"

（1）AI 工具：Kimi。

（2）核心操作：

①数据导入：将收集到的品牌历史资料、创始人故事、企业文化、

用户评论和反馈等信息导入 Kimi。

②情感分析：利用 Kimi 的自然语言处理技术，分析品牌的核心价值（如责任、创新、传承、匠心等）、品牌与用户之间的情感联结（如信任、怀旧、温暖、归属感等）以及用户对品牌的情感倾向（如喜欢、赞赏、认可、期待等）。

情感分析示例见表1。

表1　　　　　　　　　情感分析示例

评论内容	情感倾向	情感关键词
"这家店是我小时候的味道，每次来都觉得很亲切。"	积极	亲切、小时候、味道
"希望产品能够多一些创新，不要总是吃老本。"	期待	创新、不要总是吃老本
"服务态度很好，有问题都能及时解决。"	积极	服务态度、及时解决

故事重塑：打造"走心"剧本

（1）AI 工具：Kimi、DALL-E3（用于生成品牌视觉素材）。

（2）核心操作：

①故事情节设计：利用 Kimi 根据品牌的核心价值、用户情感共鸣点和心理特征，设计引人入胜的故事框架，并确定故事的主题、人物、情节和冲突。

②Prompt 示例：

a."请根据以上信息，提炼3个最能引发用户情感共鸣的品牌故事主题（如坚守品质、传承匠心、回馈社会）。"

b."结合××（品牌创始人）的故事，设计一个关于坚持×××（核心价值）的感人故事情节。"

③剧本撰写：利用 Kimi 的文本生成能力，将故事情节细化为具体的人物对话、场景描述和情节发展，并进行风格上的微调。

④视觉素材生成：利用 DALL-E3 生成与故事情节相符的视觉素材，如人物形象、场景画面、产品插图等。

数据来源及价值分析见表 2。

表 2　　　　　　　　　　数据来源及价值分析

数据来源	数据分析	带来的价值
品牌历史信息	分析提取品牌关键词	便于品牌重塑，对用户更有吸引力
用户评论信息	关键词提取，情感分析	确定品牌在用户心中的认知，为后续内容输出提供根本支撑
企业价值观信息	了解品牌核心价值	保证品牌价值的有效传递

多渠道传播：让"品牌好声音"响彻云霄

（1）传播渠道：抖音、微信公众号、小红书等。

（2）传播策略：

①抖音：将品牌故事改编为短视频剧集，利用快节奏、悬念设置等手法，吸引用户观看。

②微信公众号：发布长篇图文文章，详细讲述品牌故事，并与用户进行互动。

③小红书：发布精美的图片和短视频，展示品牌视觉形象，并邀请用户分享使用体验。

多渠道传播策略见表 3。

表3　　　　　　　　　　多渠道传播策略

渠道	内容	特点
抖音	微电影、创意小故事	视觉冲击力强，主题明确
微信公众号	短视频、主题短片	精美故事，方便客户精准"get"到品牌
小红书	企业代言、员工生活动态	增加用户对品牌的好感，从而有效进行营销

效果评估与优化：让品牌故事"深入人心"

（1）数据来源：社交媒体平台数据、用户评论数据、销售数据。

（2）核心指标：

①品牌知名度：品牌在目标用户中的曝光率和认知度。

②用户情感：用户对品牌的情感倾向，如喜爱、信任、认可等。

③销售转化率：品牌故事带来的销售额增长。

品牌重塑效果对比见表4。

表4　　　　　　　　　　品牌重塑效果对比

指标	重塑前	重塑后	提升幅度
品牌知名度	10%	30%	200%
用户情感	中性	积极	质变
销售转化率	2%	5%	150%

本案例旨在通过AI赋能让传统餐饮品牌焕发新的活力，与年轻用户建立更深的情感连接。

请注意，好的品牌故事需要真诚的情感投入，不能过度依赖AI的生成能力。在AI的辅助下，我们要做的不是"制造"故事，而是"挖掘"故事，并将品牌的核心价值和用户的需求巧妙地融合在一起。

案例七：品牌视觉焕新，独领风骚：AI的"视觉魔法"，让你的内容"吸睛"无限

对应章节：AI 品牌重塑。

核心问题：

传统企业如何打破视觉形象的"老化"困局，借助 AI 力量，在降低设计成本的同时，快速打造出更具现代感、更符合目标用户审美的品牌视觉形象，从而增强品牌竞争力？

AI 解决方案：

在视觉营销时代，品牌视觉形象是吸引用户、传递品牌价值的重要载体。AI 品牌视觉识别升级助你以更低成本、更高效率，打造独具魅力和竞争力的品牌形象，让品牌在激烈的市场竞争中"吸睛"无限！

执行步骤（图1）：

评估与优化
持续评估和完善品牌策略以保持相关性

全方位应用
在所有平台和渠道上实施品牌更新

LOGO焕新
使用AI重新设计和更新品牌标识

数据采集与分析
收集和分析数据以获得深入了解

图 1　AI 驱动的品牌视觉识别升级策略

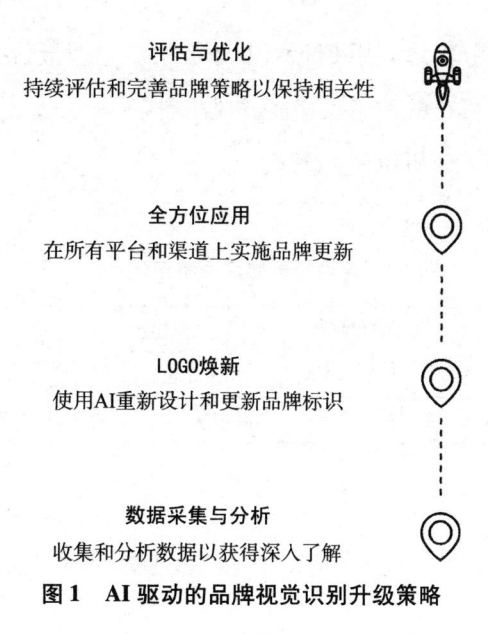

数据采集与分析：从"旧貌"到"知己知彼"

（1）数据来源：

①现有品牌 LOGO、VI 设计、宣传资料等。

②竞争对手品牌视觉形象（如 LOGO、配色、字体、海报设计等）。

③来自企业自身或第三方平台的目标用户审美偏好调查报告。

（2）AI 工具：ChatGPT（用于分析 LOGO 优点和可改进之处，以及提炼用户喜好）。

（3）核心操作：

①LOGO 分析：将现有品牌 LOGO 上传至 ChatGPT，要求其从设计美学角度进行分析，找出 LOGO 的优点和不足之处（Prompt 示例："请根据以下 LOGO 图片，从设计风格、色彩搭配、视觉元素等方面进行分析，并指出该 LOGO 的优点和不足之处"+ LOGO 图片）。

②用户偏好分析：利用 ChatGPT 分析用户调查报告，了解目标用户的审美偏好，如喜欢的色彩、字体、风格等。

用户审美偏好分析示例见表1。

表1　　　　　　　　　　用户审美偏好分析示例

用户群体	年龄	喜好风格	常用颜色	常用元素
Z 世代	18～25 岁	简约、潮流	马卡龙色、撞色	几何图形、抽象图案
新中产	26～35 岁	轻奢、质感	高级灰、莫兰迪色	纹理、线条、金属质感

LOGO"焕新"：AI 辅助，重塑品牌灵魂

（1）AI 工具：DALL－E3（用于 LOGO 设计和视觉素材生成）、ChatGPT（用于根据用户偏好提供关键词参考）。

（2）核心操作：

①LOGO 设计：将分析结果（LOGO 优点和不足、用户审美偏好）作为 prompt，提交给 DALL－E3。（Prompt 示例："根据以下品牌特点和用户喜好，设计一个全新的 LOGO，风格简约时尚，色彩明亮活泼，突出品牌年轻活力"+品牌特点+用户喜好），生成多个 LOGO 设计方案，供设计师选择和优化。

②视觉素材生成：根据 LOGO 设计方案利用 DALL－E3 生成一系列品牌宣传视觉素材，如品牌海报、社交媒体 Banner 图、产品包装设计等。

全方位应用：打造视觉"护城河"

AI 赋能后的视觉识别系统应贯穿于企业营销活动的方方面面。

AI 品牌视觉识别升级的应用场景见表 2。

表 2　　　　　　　　AI 品牌视觉识别升级的应用场景

应用场景	描述	预期效果
LOGO 设计	采用 AI 生成的 LOGO，提高品牌辨识度	让品牌更容易被用户记住
宣传海报	利用 AI 设计吸睛海报，提高广告点击率	精准触达目标客户
电商主图	利用 AI 生成更具吸引力的主图	提高商品转化率
产品包装	利用 AI 设计更具设计感和品牌调性的包装	为产品赋能，从而提高消费转化

效果评估与优化：迭代进化，才能持久"吸睛"

在实际应用中，我们不能一劳永逸，而是需要持续跟踪用户的反馈，并不断优化和调整视觉形象。利用 AI 技术时，只有有效结合企业内容并配合有效战略，才能帮助企业更好的发展。

AI 品牌视觉识别效果评估见表 3。

表 3　　　　　　　　AI 品牌视觉识别效果评估

评估指标	数据来源	评估方式
用户点击数	官方网站或 App	记录和分析网站以及 App 的流量情况
品牌知名度	用户评论数据	关键词搜索，了解用户对品牌的认知
品牌视觉设计	用户评价和反馈	对用户进行调查，听取用户意见

注意事项：

- 理解品牌文化和定位，确保生成的文字与整体品牌形象一致。
- 生成的内容风格要多样化，能够适用于多种场景。

- 理解 AI 生成文字表达方式的局限性。
- 确保 AI 生成的内容具有原创性，避免侵权等问题。

AI 品牌视觉识别升级以数据为驱动，以用户为中心，实现了品牌视觉形象的精准化、个性化和高效化，为品牌在激烈的市场竞争中脱颖而出提供了有力支持。

本部分核心内容总结见表 4。

表 4　　　　　　　　　　　　　内容总结

数据类型	数据分析	带来的价值
用户调研报告	关键词提取，有效信息分类	精准认知目标受众，为视觉设计奠定基础
竞品营销数据	竞品投放策略	保证制定的策略在市场具有较强的竞争力
品牌历史资料	分析品牌定位，内容风格	保证内容输出的连续性与统一性

希望本案例能够帮助你掌握 AI 营销的核心，为企业实现可持续发展而努力。在 AI 时代，数据是营销的基石，只有主动拥抱技术，才能让企业更上一层楼！

案例八：AI预测未来市场，助力营销决策——让营销决策有"数"可依

对应章节：AI助推流程再造。

核心问题：

在竞争激烈的市场环境中，某企业如何利用有限资源，借助AI分析工具，预测未来市场趋势、竞争对手动向和用户需求变化，从而制定更精准的营销策略，减少资源浪费，提前布局，并抢占市场先机？

AI解决方案：

营销决策如同棋局博弈，胜负在于洞察先机。本节，我们将利用AI洞察行业趋势，在商战中运筹帷幄、步步为营！让数据驱动，赋能你的企业营销。

执行步骤（图1）：

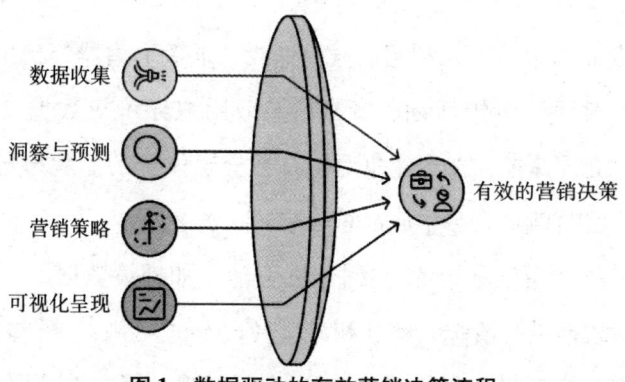

图1 数据驱动的有效营销决策流程

数据收集：构建全方位"信息雷达"

用表 1 列出信息来源。

表 1　　　　　　　　　　信息数据来源

数据来源	数据内容	作用
行业报告	市场规模、发展趋势、竞争格局	了解行业整体情况，把握市场机遇，规避市场风险
竞争对手数据	产品信息、营销活动、用户评价	评估竞争对手的优势和劣势，制定差异化竞争策略
消费者反馈	评论、评价、使用习惯	了解消费者诉求，改进产品和服务

洞察与预测：从"数据海洋"提炼"黄金情报"

AI 工具：数据采集工具、数据分析工具、文心一言（总结分析，完成报告）。

核心操作：

（1）竞品情报抓取：利用油猴插件或八爪鱼采集器等爬虫工具，自动抓取竞争对手的营销活动、产品信息、用户评价等数据（Prompt 示例：设置关键词监控，抓取竞争对手在社交媒体上的品牌声量、用户反馈、热点话题等信息，并生成汇总表单）。

（2）数据分析：利用 AI 数据分析工具（如神策数据、GrowingIO），对收集到的数据进行清洗、整合和分析（Prompt 示例：进行时间序列分析，预测用户购买行为和趋势），分析消费者行为数据，提取用户的消费习惯、使用时长等关键信息。

（3）市场趋势预测：通过分析历史数据、行业报告、市场趋势等，预测未来市场需求、竞争格局和技术发展（Prompt 示例：通过分析宏观经济数据，预测未来消费趋势和用户需求变化），利用 AI 算法，如时间序列分析、神经网络等，预测未来销售额、市场规模、用户增长等指标。

制定营销策略：三大策略护航，决胜未来

（1）AI 营销：制定更具竞争力的营销策略。"4P"理论与 AI 相结合，分析行业数据，从而有效对产品进行优化和创新，以便更好地满足消费者需求；产品定价需要综合考虑运营成本以及客户喜好；营销渠道要合理，高效。

（2）差异化营销：避开"红海"，开辟"蓝海"。充分认知企业的优劣势，从而更好地做出决策；对竞争对手的优劣势进行深度分析，从而在产品、营销上做到错位竞争。

（3）长期收益：抢占市场先机。长期价值预测，有效避免损失；对产品市场做出合理预估，减少企业损失。

AI 赋能营销决策的应用场景见表 2。

表 2　　　　　　　　AI 赋能营销决策的应用场景

决策环节	传统方法	AI 赋能
产品规划	依赖经验和直觉，难以把握用户需求	利用 AI 分析用户反馈、市场趋势和竞争对手数据，更精准地预测市场需求，驱动产品创新
市场推广	依赖传统渠道，覆盖面窄，效果难以评估	AI 根据用户画像进行精准用户定向和个性化内容推送，提高营销效果

续表

决策环节	传统方法	AI 赋能
价格制定	依赖成本和竞争对手定价，难以实现利润最大化	AI 动态定价，根据市场需求和竞争情况实时调整价格，实现企业利润最大化
竞争情报分析	难以全面获取和分析竞争对手信息，制定有效的竞争策略	AI 抓取竞争对手的营销活动、产品信息和用户评价等数据，深入了解竞争对手策略，制定更具竞争力的营销策略

可视化呈现：PPT 报告，让决策"有理有据"

AI 工具：豆包、Tableau。

核心操作：利用文心一言对数据分析结果进行总结和提炼，生成高度概括的结论和建议；结合 Tableau 的可视化功能，将数据分析结果以各种图表形式进行呈现，如折线图、柱状图、饼图等。

AI 市场趋势预测，让企业不再"盲人摸象"，而是拥有了"数据罗盘"。其以数据为基础。以智能为驱动，实现了营销决策的科学化、精准化和高效化，为企业在激烈的市场竞争中提供了制胜法宝！有了精准的数据和工具，还需记住以下内容：

（1）对于行业报告的数据的权威性，必须认真进行分析确认。

（2）在抓取竞品数据时，随时警惕可能遇到的侵权风险。

参考文献

[1] 菲利普·科特勒, 凯文·莱恩·凯勒. 营销管理 [M]. 北京: 中信出版集团, 2021.

[2] 艾·里斯, 杰克·特劳特. 定位: 争夺用户心智的战争 [M]. 北京: 机械工业出版社, 2011.

[3] 斯科特·杰弗里. 数据驱动营销: 15 个关键指标 [M]. 北京: 人民邮电出版社, 2012.

[4] 大卫·艾克. 创建强势品牌 [M]. 北京: 机械工业出版社, 2009.

[5] 阿维纳什·阿格拉瓦尔, 乔舒亚·甘斯, 阿维夫·戈德法布. 预测机器: 人工智能的简单经济学 [M]. 北京: 中信出版社, 2019.

[6] 马修·扬西蒂, 凯文·R. 拉卡尼. AI 赋能: 驱动企业实现指数级增长 [M]. 北京: 机械工业出版社, 2021.

[7] 乔·普利兹. 内容营销: 引爆社群、大量圈粉 [M]. 北京: 中信出版社, 2014.

[8] 史蒂夫·克鲁格. 点石成金: 访客至上的网页设计秘笈 [M]. 北京: 机械工业出版社, 2014.

[9] 张建南，高广英，程然. 企业抖音——从策略到实施 [M]. 北京：中国铁道出版社有限公司，2024.

[10] 埃里克·莱斯. 精益创业 [M]. 北京：中信出版社，2012.

[11] 迈克尔·巴克，戴维·巴克，尼娜·博尔曼. 社交媒体营销：策略、工具与实践 [M]. 北京：机械工业出版社，2019.

[12] 凯西·奥尼尔. 算法霸权：数学杀伤性武器 [M]. 北京：中信出版社，2018.

[13] 斯图尔特·拉塞尔，彼得·诺维格. 人工智能：一种现代方法 [M]. 4版. 北京：电子工业出版社，2021.